# 干法

## 稻盛和夫的工作哲学

吴学刚◎编著

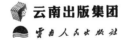

云南出版集团

云南人民出版社

**图书在版编目（CIP）数据**

干法：稻盛和夫的工作哲学 / 吴学刚 编著 . -- 昆
明：云南人民出版社，2020.11
ISBN 978-7-222-19788-6

Ⅰ . ①干… Ⅱ . ①吴… Ⅲ . ①稻盛和夫 (Kazuo,
Inamori 1932- ) — 人生哲学 Ⅳ . ① K833.135.38 ② B821

中国版本图书馆 CIP 数据核字 (2020) 第 211676 号

责任编辑：刘　娟
装帧设计：周　飞
责任校对：吴　虹
责任印制：马文杰

干法：稻盛和夫的工作哲学
GANFA：DAOSHENGHEFU DE GONGZUO ZHEXUE
吴学刚　编著

出版　云南出版集团　云南人民出版社
发行　云南人民出版社
社址　昆明市环城西路609号
邮编　650034
网址　www.ynpph.com.cn
E-mail　ynrms@sina.com
开本　880mm × 1230mm 1/32
印张　7
字数　150千
版次　2020年11月第 1 版第 1 次印刷
印刷　永清县晔盛亚胶印有限公司
书号　ISBN 978-7-222-19788-6
定价　38.00元

如有图书质量及相关问题请与我社联系
审校部电话：0871-64164626　印刷科电话：0871-64191534

云南人民出版社公众微信号

# 前　言

"极度认真地活一次！"

"造出划破手的产品！"

"做顾客的仆人。"

"永不言弃！"

"形成合力！"

"成为旋涡的中心！"

"在相扑台的中央交锋。"

"作为人，何谓正确？"

稻盛这些真诚而充满热情的话语，震撼着员工的灵魂，将他们彻底点燃。

"这哪里是什么京都陶瓷，简直就是狂徒陶瓷。"

"这家公司简直就像宗教组织。"

社会上总有诸如此类的诽谤、中伤之言，但京瓷的领导者却坚定地相信，通过不断追求和实现共同的梦想，就能让所有员工都获得物质和精神两方面的幸福。

稻盛和夫在多个领域从事经营活动40余年，先后创立了京瓷株式会社和第二电电株式会社。2001年，根据《财富》杂志排名，京瓷株式会社和第二电电都进入了"世界500强"。京瓷株式会社的年销售额超过110亿美元，在"世界500强"中居第451位。然而，其营业收益率却居第19位，是世界营业收益率前30名中唯一的日本企业；它的资本收益率排名第15位，进入该项前50名的日本企业也仅此一家。另外，作为电子设备公司，京瓷的行业实力在日本排名第21位，然而，在每年110多亿美元的销售额中，利润接近20亿美元，在日本同业企业中名列第7位，领先于三菱(第10位)、日立(第11位)、东芝(第12位)、NEC(第13位)、松下(第16位)、夏普(第19位)、索尼(第21位)等世界知名大企业。

2010年，日本航空株式会社面临破产危机，日本首相鸠山由纪夫力请稻盛和夫出马拯救日航，这一举措甚至提升了首相本人的民意支持度，这从一个侧面反映出日本国民对稻盛和夫这位"经营之圣"的信任和爱戴。

几十年来，稻盛和夫关于人生和工作的箴言已传遍世界上的每一个角落，他从亲身实践中总结出的诸多工作秘籍，绝非那些泛泛而谈的"成功学"可比，而且他那将人生与工作融为一体的启发模式，更令他的工作秘籍成为打开生活幸福之门的钥匙。

如果你已经是一个职场达人，那么稻盛和夫的秘籍会让你"百尺竿头，更进一步"；

如果你在职场的发展停滞不前，那么稻盛和夫的秘籍会为你打破所有的瓶颈；

如果你是一个职场失意人，那么稻盛和夫的秘籍会指点你走向成功的康庄大道……

干和不干，结果当然大不一样；这样干和那样干，结果也不一样。

究竟该怎样干？

《干法：稻盛和夫的工作哲学》会给你答案。

# 目　录

## 第三章　持续努力，化平凡为非凡

## 第四章　多做创造性的工作，"心想"才能"事成"

## 第五章 将完美主义贯彻到底

## 第六章 做一个有权威的管理者

## 第七章 对企业经营者的几点忠告

# 第一章
# 为生活而工作，
# 为工作而生活

"人为什么要工作？"许多人把"努力工作""拼命劳动"看得毫无意义，他们甚至对积极工作的人抱以冷笑和鄙视。但我认为：工作是"医治百病的良药"。

——稻盛和夫

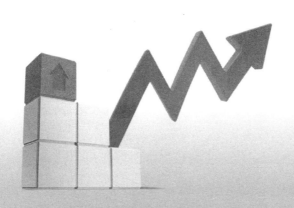

# 1. 从"稻盛成功方程式"说起

让我们先来看这样一个方程式：

人生·工作结果=思考方式×热情×能力

这就是著名的"稻盛成功方程式"，提出这个方程式的，就是有"经营之圣"美誉的日本著名企业家、哲学家——稻盛和夫。稻盛和夫先生说："只要从这个方程式着手力行，上天一定会许给你一个硕果累累的美丽人生。"

在详细解读这一方程式之前，让我们先来了解稻盛和夫究竟是怎样的一个人。

## 稻盛和夫其人

对年届八旬的稻盛和夫来说，上天已经许给了他一个"硕果累累的美丽人生"，他27岁创办日本京瓷（Kyocera），52岁创办第二电电（KDDI），这两家公司如今都跻身全球"500强"，已退居二线的稻盛和夫至今仍担任最高顾问。2010年，稻盛和夫受日本政府之请托，出山拯救垂死的日本航空株式会社（Japan Airlines），于是稻盛和夫又多了一项新头衔——日航执行长，这已经是稻盛和夫担任的第三个全球"500强"公司的最高领导。

在日本，有一个以传播稻盛和夫哲学思想为主旨的"盛和塾"，这个拥有员工数十万人的庞大机构，正将博大精深的稻盛哲学传播到包括中国在内的世界各国，可见稻盛哲学影响之深远。

然而，正所谓"梅花香自苦寒出"，稻盛和夫所收获的"美丽人生"，也经历了一系列的挫折和磨难。

稻盛和夫出生在小城鹿儿岛一个普通的家庭，家里兄弟姐妹众多，生活困窘，也没有什么有钱的亲戚。他青少年时代成绩平平，上的是鹿儿岛最普通的私立中学，高中毕业后立志学医，报考大阪大学医学部却又落榜，只进了新成立的鹿儿岛大学。大学毕业后，他没能如愿进入帝国石油公司，到很多公司面试也都全部碰壁。正在他万念俱灰之际，经大学老师介绍，他才勉强进入了一家不太像样的小企业，不至于成为无业游民。

在一次次的失败中，稻盛和夫不断思考一个问题："像自己这样平凡的人，如果要过精彩美丽的人生，到底需要什么？"

后来，随着工作经验的不断丰富，特别是一项新产品的开发和推广成功所带来的强烈自信，在稻盛和夫的心中，这个问题的答案逐渐明晰起来。

稻盛和夫创立京瓷株式会社后，他的经营管理能力日臻成熟。此期他最重要的一个发现，就是人生与经营是相通的，生活中信奉的哲学与经营哲学如出一辙，于是他提出了这个方程式并奉为圭臬，以鼓励自己和他的创业伙伴们相信一点：能力极为平凡的人，照样能取得不平凡的成功！功成名就之后的稻盛和夫，也经常强调唯有这个方程式才能解释他的事业为何能持续成功。

下面，我们就来看看这个神奇的方程式：

人生·工作结果=思考方式×热情×能力

等号的左边"人生·工作结果"可以理解为"成功"，而等号的右边"思考方式""热情""能力"三项，我们姑且称之为"成功三要素"。

稻盛和夫对成功三要素先后顺序的排列，绝非随意为之。在他看来，最重要的是思考方式，其次是热情，最后是能力。

## 能力与热情

稻盛和夫将"能力"定义为"父母或上天的赐予"，主要指先天的体力和智力因素，或许翻译为"天赋"更为准确。至于"热情"，稻盛和夫也常用另外一个词代替，那就是"努力"。相比于天赋，努力是后天的因素，是可以由人的意志支配的。

每个人的天赋和努力程度是不一样的，稻盛将它们用分数来表示，范围从0到100分不等。他举例说，一个身体健康、头脑聪颖的人，"能力"上是90分，但他自恃聪明，心生懈怠，"努力"只能打30分，那么这个人是"90分的能力"乘上"30分的努力"，结果是2700分。

相对的，另一个人天赋的"能力"只有60分，但他为了弥补不足，拼命地工作，"努力"一项可打90分，"60分的能力"乘上"90分的努力"，就是5400分，比前一个人要整整多出一倍。

也就是说，那些天资平平但非常勤奋的人，比那些恃才傲物、不肯认真工作的人，取得的成就要大得多。"龟兔赛跑"的

古老寓言，要说明的也正是这个道理。

稻盛和夫用自己数十年的人生体验和工作实践，充分印证着这个结论。他自认为是个天赋平平的人，而在他的眼里，他的创业伙伴们也都是普通人，但正是这些人聚集在一起，将京瓷打造成了一个以高新技术领先世界的大公司，其秘诀之一正在于"努力"二字。

京瓷株式会社有一个奉行了几十年的工作原则，即"压强原则"。对于客户的订单，即使按当时的技术水准根本无力完成，或是客户在质量、期限方面提出了"不合实际的要求"，公司也要接受下来，逼迫自己的团队拼命努力，为了完成订单而争分夺秒，投入紧张而刺激的工作，结果创造了一个又一个的奇迹。

"要用将来的眼光来估量自己的能力"，这就是稻盛和夫对"努力"一词的注解。

如果一个人天赋的能力强到干什么事都轻而易举，就像上帝一样，"要有光，便有了光"，那他当然不需要努力。而一个人之所以需要努力，就在于他还有能力上的欠缺。一个人通过对比自己过去、现在的能力，就会明白：从现在起，该怎样努力才能在未来某个时点，达到必要的能力水准，从而据此调整自己的工作重心。

天赋与努力的重要性众所周知，这不由得让我们联想到发明大王爱迪生那个著名的成功公式：

成功=1%的天才+99%的汗水

但是在稻盛和夫看来，不管是天赋还是努力，都不是人生和事业成败的决定因素，而决定因素在于"思考方式"。

## 思考方式

稻盛和夫在不同的场合，对这个"思考方式"有多种解释，如人格、理念、思想、价值观、信念、意志、心态、情绪等等，中文里最权威的一种译法是"人格·理念"。

人格有善恶之分，善的如诚实、开朗、勇敢、善良、利他等等，恶的如虚伪、任性、傲慢、妒嫉、自私等等。

理念属于哲学中"认识论"的范畴，即实践、认识、再实践、再认识的一个循环过程产生的结果，理念有对错之分，正确的理念可以帮助人们正确认识外部世界，并以此为基础去改造、创造更新的、更美好的事物。

说到底，"思考方式"就是指一个人在生活和工作中的一种精神状态，与"能力"和"热情"有所不同的是，"思考方式"因为有善恶、对错之分，因此它的分数是从负100到正100。

一个人如果拥有正面的思考方式，他的人生和工作的结果就会变大。反之，一个人天赋再高、热情再高，如果他总是受到负面情绪的支配，或是对这个世界、对自己的人生有错误的认识，那么他的精神状态就是一个负数。举个很简单的例子：一个小偷很有盗窃的天赋，也很努力地"工作"，但他的思考方式本身是邪恶的，是负数，所以他的人生只能是一个负数。类似这样的事情，古今中外屡见不鲜。

稻盛和夫对"思考方式"的真切体会，最早可追溯至他13岁时得的一种致命疾病——肺结核，他意识到自私和冷漠是结核病的成因，而对患病小叔的大爱和关切，则是自己战胜病魔的关键。从那时开始，一直到他创立京瓷株式会社之后，他都不忘向自己和其他人强调"思考方式"的价值，在他给三个成功因素所定的比重中，思考方式至少要占到50%以上。稻盛和夫由一名勤勤恳恳的技术员转变成"经营之圣"，思考方式的转变最为关键。

在当今职场，天赋高又很努力的人并不少见，但有的人只能取得小小的成功，而有的人只成功于一时，最终仍然归于失败，很大一部分原因就在于他们过于迷信自己的天赋和努力，而忽视了对自身心智的培育，在思考方式上出了问题。这个时候，能力和热情反而成了限制他们发展的桎梏。而只有通过反思自己的思考方式，才能够重新找回自我，将能力和热情在正确的方向上释放出来。

比如一个既聪明、又勤奋的员工，在自己的岗位上表现出色，但是当他升任管理者，需要带领团队一起工作的时候，有些人就无法胜任了。很多时候，人们把这归因于"领导才能"，但实际上，从稻盛和夫的成功方程式来研究，这是他的思考方式出了问题。让一个人从单打独斗的个人英雄主义，发展到以团队建设和合作为中心，是一个很大的跨越，需要克服诸如傲慢、妒忌、猜疑、自我中心等诸多负面思维，过了这个坎，才是真正的"前途无量"。对此，中国蒙牛集团创始人牛根生先生也有一句名言，叫"小胜靠智，大胜靠德"。这里的"德"，推而广之，正是稻盛成功方程式中的"思考方式"。

## 返璞归真

相比于爱迪生这样的科学天才提出的"天赋+努力"式的成功模式，企业家、哲人稻盛和夫的方程式显得更客观、更睿智、更适合于芸芸众生。

稻盛和夫的成功方程式是一个整体，三大要素之间既互相独立，又具有内在的联系，可以相互影响、相互促进。因为三者之间是相乘的关系，只要其中之一的分数增加，结果将以倍数增加，会使得人生和事业出现巨大的差别，这完全合乎现实的情况。

三大要素中，"思考方式"因具有从负100到正100之间的极大振幅，更是对最终的结果起着决定性作用，可是它也是最容易被忽略的。思考方式由负变正，是一个人由失败走向成功的关键，而三大因素在正的方向上不断发展，就代表着这个人走上了成功的康庄大道。

有人或许要说：这不就是"先做人后做事"嘛，不过是老生常谈罢了！

是的，这个方程式本身确实不是什么惊人发现，它不像爱因斯坦发现相对论、爱迪生发明留声机那样惊世骇俗，但是，真理往往都是非常朴素的，朴素得不像是什么了不得的真理，稻盛和夫自己也说：

"人生和经营的真谛，并非崇高得可望而不可即，更不是什么难以理解的东西，作为最基本的真理观，其实它就在我们每个人身边。问题是如何愚直地将它贯彻于始终。"

这就是所谓的"返璞归真"，而稻盛和夫提出的这个方程式之所以风行世界，还有一个重要原因，即：稻盛和夫本人正是实践这个方程式的最高典范。

他从先贤们的为人处世之道，从佛教、基督教以及中国的儒学中汲取了丰富的营养，并将之应用于自己的人生和工作，收获了巨大的成功。相比之下，很多人读圣贤书，只是当作知识来理解，而没有用来改变和提升自己的思考方式，当然起不到什么作用。

不管在稻盛和夫的成功中，还有多少值得挖掘的经验，但最终它们都可以归结到这个方程式里来。

了解了这个方程式之后，接下来，让我们一起去更深入地探讨稻盛和夫的工作秘籍吧！

# 2. 人为什么工作，你为什么工作

稻盛和夫提出："人为什么要工作？""劳动究竟是为了什么？"现在多数人已经丧失了对工作目标和意义的正确认识。

工作是我们人生必不可少的一部分，对绝大多数人来说，工作是不得不从事的一件事情。这件事情占了我们生活空间的80%，甚至更多。对于上进的人来说，几乎每天都在思考如何把工作做得更好，几乎每天都在寻求更好的工作方法。但是，人们在思考如何工作的同时，却很少思考为什么要工作？工作的目的是什么？工作的价值和意义是什么？

作为一个职业人士，一定要明白，工作绝不仅仅是养家糊口，工作是人实现自我价值的方式，企业是我们迈向成功的平台。在这个职业社会里，任何的目标和理想都必须通过工作来实现，你的价值就在你工作的过程中得到体现，只有把工作做好了，得到了领导和别人的承认，你才能获得物质和精神上的回报，拥有你理想的社会地位，并最终实现你的人生目标。从这个意义上来说，工作是我们要用生命去做的事。

齐瓦勃15岁时，家中一贫如洗，只受过很短学校教育的他到一个山村做了马夫，然而齐瓦勃并没有自暴自弃，无时无刻不在寻找着发展的机遇。三年后，齐瓦勃来到钢铁大王卡内基所属的一个建筑工地打工。一踏进建筑工地，齐瓦勃就下了决心——要做同事中最优秀的人。当其他人在抱怨工作辛苦、薪水低而怠工的时候，齐瓦勃却默默地积累着工作经验，并自学建筑知识。

有一天晚上，同伴们在闲聊，惟独齐瓦勃躲在角落里看书。那天恰巧公司经理到工地检查工作，经理看了看齐瓦勃手中的书，又翻开他的笔记本，什么也没说就走了。第二天，公司经理把齐瓦勃叫到办公室，问："你学那些东西干什么？"齐瓦勃说："我想我们公司并不缺少打工者，缺少的是既有工作经验、又有专业知识的技术人员或管理者，对吗？"经理点了点头。

过了不长一段时间，齐瓦勃就被升任为技师。打工者中，有些人讽刺挖苦齐瓦勃，他回答说："我不光是在为老板打工，更不单纯为了赚钱，我是在为自己的梦想打工，为自己的远大前途打工。我们只能在业绩中提升自己。我要使自己工作所产生的价值，远远超过所得的薪水，只有这样我才能得到重用，才能获得机遇！"抱着这样的信念，齐瓦勃一步步升到了总工程师的职位上。25岁那年，齐瓦勃又做了这家建筑公司的总经理。

当时，琼斯是卡内基的钢铁公司一个天才的工程师兼合伙人，他在筹建公司最大的布拉德钢铁厂时发现了齐瓦勃超人的工作热情和管理才能。当时身为总经理的齐瓦勃，每天都是最早来到建筑工地。当琼斯问齐瓦勃为什么总来这么早的时候，他回答说："只有这样，当有什么急事的时候，才不至于被耽搁。"工厂建好后，琼斯推荐齐瓦勃做了自己的副手，主管全厂事务。

过了两年后，琼斯在一次事故中丧生，齐瓦勃便接任了厂长一职。因为齐瓦勃的天才管理艺术及工作态度，布拉德钢铁厂成了卡内基钢铁公司的灵魂。因为有了这个工厂，卡内基才敢说："什么时候我想占领市场，市场就是我的。因为我能造出又便宜又好的钢材。"几年后，齐瓦勃被卡内基任命为钢铁公司的董事长。

在齐瓦勃担任董事长的第七年，当时控制着美国铁路命脉的大财阀摩根，提出与卡内基联合经营钢铁。开始的时候，卡内基没理会。于是摩根放出风声，说如果卡内基拒绝，他就找当时居美国钢铁业第二位的贝斯列赫姆钢铁公司联合。这下卡内基慌了，他知道贝斯列赫姆若与摩根联合，就会对自己的发展构成威胁。

有一天，卡内基递给齐瓦勃一份清单说："按上面的条件，你去与摩根谈联合的事宜。"齐瓦勃接过来看了看，对摩根和贝斯列赫姆公司的情况了如指掌的他微笑着对卡内基说："你有最后的决定权，但我想告诉你，按这些条件去谈，摩根肯定乐于接受，但你将损失一大笔钱。看来你对这件事没有我调查得详细。"经过分析，卡内基承认自己高估了摩根。

卡内基全权委托齐瓦勃与摩根谈判，取得了对卡内基有绝对优势的联合条件。摩根感到自己吃了亏，就对齐瓦勃说："既然这样，那就请卡内基明天到我的办公室来签字吧。"齐瓦勃第二天一早就来到了摩根的办公室，向他转达了卡内基的话："从第51号街到华尔街的距离，与从华尔街到51号街的距离是一样的。"摩根沉吟了半晌说："那我过去好了！"摩根从未屈就到过别人的办公室，但这次他遇到的是全身心投入的齐瓦勃，所以只好低下自己高傲的头颅。

后来，齐瓦勃终于建立了大型的伯利恒钢铁公司，并创下非凡的业绩，真正完成了从一个打工者到创业者的飞跃。

如果像齐瓦勃一样，以事业的态度来对待你工作中的每一件事，并把它当成使命来做，你就能发掘出自己特有的能力，即使是烦闷、枯燥的工作，你也能从中感受到价值，在完成使命的同时，你的工作也会真正变成一项事业。

我们应该清楚，我们不是在为别人工作，我们是在为自己工作。我们的职业就是我们的事业，是我们需要用生命来完成的使命！

# 3. 财富是工作的结果，而不是目标

有人认为，劳动就是为了换取薪水，因为要生活，所以才需要劳动。这种心态是典型的狭隘、消极工作态度。稻盛和夫批判这些持消极认识和观念的人，他觉得把劳动仅仅当作为了获取生活所需物质保障的手段是错误的。稻盛和夫说："劳动对人类来说是具有更深远、更崇高的价值和意义的行为。劳动能使人战胜欲望、磨炼人的意志、陶冶人格，其目的不只是简单地获得生存所需的粮食，获取生存所需的粮食只不过是劳动的附属功能而已。"

一个热情敬业的员工不会把薪水当作自己工作的目标，因为他们懂得：生存固然需要工作，但比生存更重要的，是在工作中发挥才干，实现自己的生命价值。

商品经济时代的年轻人越来越势利，越来越现实。在他们看来，我为公司干活，公司付我报酬，等价交换，仅此而已。他们看不到工资以外的东西，工作时总是采取一种应付的态度，能少做就少做，能躲避就躲避，敷衍了事。他们只想对得起自己挣的工资，这是令人痛心的，要知道，人的一生，有意义的事情很多，薪水不是唯一的目标。

眼睛只盯着薪水，你将注定平庸，不会有真正的成就感。虽然工资应该成为工作目的之一，但是从工作中获得的生命价值感、事业成就感却不能兑换成钞票。

心理学家发现，金钱饱和到某种程度之后，不再带来幸福感。那些事业成功的人士，在没有优厚的金钱回报下，是否还继续从事自己的工作？大部分人的回答都是："我热爱自己的工作胜过金钱。"

如果工作仅仅是为了生存，那么生命的价值就太简单了。千万别傻乎乎地告诉自己，工作就是为了赚钱——比薪水更有意思的目标还有很多。

工作所给你的，不仅有物质上的回报，也有精神上的快乐。如果你能把工作当作一种积极地学习经验的过程，那么，每一项工作中都包含着很大乐趣，许多个人成长的机会。

为薪水而工作，看起来很实际，也没什么错，但是被眼前利益驱使，你看不清长远的目标。

那些给多少薪水，就干多少工作的人，对老板是一种损害，对自己的潜能，则是一种毁灭。我们应该相信，大多数老板都是明智公平的，都希望能吸引更多富有才干的员工，都能根据每个人的努力程度和业绩公平晋升、加薪。凡是工作中能尽职尽责、坚持不懈的人，终会得到青睐。

不能为薪水而工作，薪水只是工作的一种报偿方式，虽然是最直接的一种，但也是最短视的。一个人如果只为薪水而工作，没有更高尚的目标，受害最深的不是别人，而是他自己。

干法　稻盛和夫的工作哲学

　　工作的意义在于完成了人类的进化，完善了人类的品格，就像日本的土地改革家二宫尊德那样。

　　二宫尊德出身贫困，没有什么学问。父母在他16岁时就双双辞世，由伯父收养他。在寄人篱下的日子里，他勤奋好学，每天早出晚归地在田间耕作，并利用一切能利用的时间学习。最终，他不但取得了农业上的成就，还协助政府帮助那些贫穷的村落致富，晚年时还帮助德川幕府进行治水工程和产业辅导，在宫中与诸侯平起平坐。虽然他是农民，但他的举止自有威仪，因为勤奋劳作的观念已经潜移默化地根植在了他的内心，陶冶了他的人格，磨砺了他的精神，使他的人格品质达到了更高的境界。

　　工作创造了人类的智慧，一个人只有参与了工作才能发现生活的价值。稻盛和夫说："工作不单是领取薪水而已。工作可以使我的心灵得到一定程度的满足。事实上，通过工作，我可以发现人生的意义。"他认为，一个人不应该只在乎劳动所取得的结果，更重要的应该是体会劳动的过程。

　　一个以薪水为奋斗目标的人是无法走出平庸的，也不会有真正的成就感。

　　《商务时间》有一期请唐骏做嘉宾，就职业生涯的转变问题，唐骏这样说道："像我们这样的人肯定不会为了薪水跳槽。"另外，唐骏反复强调工作的挑战性也让我们对其肃然起敬，他对工作本身的兴趣远大于对薪水的兴趣。这种观念是唐骏在职场上越走越高的重要因素。唐骏在职场上不断地做三级跳，每一跳都很成功。这让我们明白，只有真正热爱工作，并在工作中不断提升自己，才能获得职场的飞跃。从他的身上我们可以看到，他真正把薪水当成工作的"副产品"。

的确，薪水只是工作的一种回报方式，是工作的"副产品"而已。工作除了带给我们薪水之外，还为我们带来了很多机遇。譬如，艰难的任务能锻炼我们的意志，新的工作能拓展我们的才能，与同事的合作能培养我们的人格，与客户的交流能训练我们的品性。工作能够丰富我们的经验，增长我们的智慧。与在工作中获得的技能与经验相比，微薄的薪水就显得不那么重要了。金钱只能支配一时，而工作赋予你的能力可以受益终生。

一个人若只为薪金而工作，把工作当成解决面包问题的一种手段，缺乏更高远的目光，最终受伤害的是自己。如果你不把眼光放在远处，自我鞭策，自我栽培，自我锤炼，竭尽所能，那么你已经离"平庸"不远了。

卡罗·道恩斯是汽车公司的普通员工，他工作了六个月之后，想试试是否有提升的机会，于是直接写信向老板自荐。老板答复说："你去新厂安装机器设备吧，不一定保证加薪。"

道恩斯根本看不懂图纸，因为他没有受过任何工程方面的训练。但是，他不愿意放弃任何机会，于是，他发挥自己的领导才能，自己花钱找到一些专业技术人员提前完成了任务，结果，他不仅获得了提升，薪水也增加了10倍。

"我知道你看不懂图纸，"老板后来对他说，"如果你随便找个借口推辞，我就开掉你。"道恩斯后来成为千万富翁，退休后担任南方政府联盟的顾问，年薪只有象征性的1美元，但是他乐此不疲，"不为薪水而工作"已经成为他工作的一种习惯。

我们应该向道恩斯学习，不必过分考虑薪水的多少，而应该注意工作本身带给你们的报酬。譬如发展自己的技能，增加自己的社会经验，提升个人的人格魅力……与你在工作中获得的技能与经验相比，你还会觉得工资是最重要的吗？老板支付给你的是金钱，而你赋予自己的，可是终身受益的精神黄金啊！

# 4. 世上无难事，只怕工作狂

任何一个双手插在口袋里的人，都爬不上成功的梯子。只有那些热爱自己事业，对自己所追求的目标全身心地投入的人，才会获得人生的成功。就像稻盛和夫所说："如果你全身心投入工作，那么不管面临多么大的困难，神一定会帮你，事情一定能够成功。"

创造了经济高速增长奇迹的日本人有这样一句名言：世上无难事，只怕工作狂。形象地阐明了敬业和成功之间的关系。

敬业，往往意味着对事业的全身心的投入，意味着承受常人所不能承受的苦痛，意味着长时间的艰苦劳动，意味着可以接受前进中任何障碍的挑战。敬业，还必须全身心地投入到事业中去，只有那些热爱自己事业，对自己所追求的目标全身心地进行投入的人，才会获得人生的成功。

著名的女指挥家张培豫就是这样一位全身投入于音乐之中的成功者。然而，也正是敬业的精神的习惯才造就了她本身。

张培豫是一位世界驰名的著名指挥家。在西方乐坛上，指挥这一行业是男士的世袭领地。张培豫却靠着超凡的实力打入欧洲乐坛，并出任德国卡塞尔歌剧院的首席指挥。

世界著名指挥家祖宾·梅塔称张培豫为"与生俱来的指挥家"。他说："我认为她在音乐上有无限量的才华和能力，并有足够的音乐经验足以领导一个高水准的乐团。"指挥家小泽征尔、马泽尔·罗林也极其称赞她很有才华。

张培豫极其敬业，她的敬业精神是出了名的，她曾创下一个月内指挥三场高水平的音乐会的记录，也曾在不到半年内指挥过八场演出。

《人民音乐》杂志的一篇文章形容她：像一架上满发条的钟，在不停地转着、走着。

张培豫对乐队要求以严格而闻名，但她最苛刻的还是自己。她有一种为了艺术可以不顾一切的精神。

青年时代的张培豫只是台湾省的一名乡村女教师，她因调教有方，率团三次夺取台湾中部小学合唱比赛冠军而小有名气。一次演出前，她摔伤了，医生嘱咐她必须静养，她却坚持打着石膏参加了排练和演出。一位观看演出的台湾教育奖学金评委目睹此景，深为感动，极力为她申请赴奥地利留学的奖学金，使她实现了到音乐之国求学的夙愿。

张培豫的敬业精神，不仅为她赢得了走向音乐事业的重要机遇，也是她事业取得成功的根本。

在北京指挥贝多芬专场音乐会之前，她突然生病了，大家都担心她是否会推迟演出，熟悉她性格的大提琴家司徒志文却说："只要不倒下，她会不顾一切地坚持演出。"

果真，她最后如期而至，并且执棒的曲目还是力度最大的贝多芬第五交响曲《命运交响曲》。

一个月后，在指挥另一场演出时，上台前她一直头疼，吃了几片止痛药，她就又出现在指挥台上。她说："本来我可以节省点儿力气，但我对音乐一向是全力以赴。"

张培豫曾对记者说过这样一段话：

"音乐与我的心结合在一起，它是从我的心里流出来的，是我的肺腑之言。……当我把音乐作好，我就得到了最大的满足，这是我生活的目标，也是我从事指挥的意义所在。"

"我热爱音乐，太热爱了！没有任何其他的事情可以超越它，也没有任何其他的事情能够让我如此投入。哪怕我走得再艰辛，我也不会放弃。"

这一番肺腑之言的确能引起我们的沉思。

张培豫的敬业习惯使她从一个普通的乡村女教师登上了德国卡塞尔歌剧院首席指挥家的宝座。这其中，对音乐的忘我精神，和音乐融为一体，并为了音乐可以牺牲自我的精神，起着至关重要的作用。音乐是她的全部，她的一生就是一场接着一场的精彩的音乐会。在张培豫的人生当中，成功的素质便是敬业习惯。

# 5. 在工作中造就伟大的人格

稻盛和夫在《干法》一书中说："想好好活，就得好好干，这一点很重要。工作就是提升心志、磨炼人格的'修行'。这样说并不过分。

大约在十年前，我和一位德国领事对谈时，听到这样的话：'劳动的意义不仅在于追求业绩，更在于完善人的内心。'"

工作最重要的目的在于通过工作来磨炼自己的心志、提升自己的人格。就是说，全身心投入当前自己该做的事情中去，聚精会神，精益求精。这样做就是在耕耘自己的心田，可以造就自己深沉厚重的人格。

"工作造就人格"，就是要通过每一天认真踏实的工作，逐步铸成自己独立的、优秀的人格。这样的事例，从古至今，从东方到西方，不胜枚举。只要翻开伟人们的传记，随处可见。

凡是功成名就的人毫无例外地，都是不懈努力，历尽艰辛，埋头于自己的事业，才取得了巨大成功。通过艰苦卓绝的努力，

在成就伟大功绩的同时，他们也造就了自己完美的人格。

2007年9月19日，57岁的青岛港前湾集装箱码头有限公司桥吊队队长许振超，荣获"全国敬业奉献模范"称号。他说，爱岗敬业是自己一生的使命与追求。

当一名现代工人，如果缺乏爱岗敬业的热情是肯定不行的。许振超参加工作30多年来，以"干就干一流，争就争第一"的精神，立足本职，务实创新，干一行，爱一行，精一行。他自学成才，苦练技术，练就了"一钩准""一钩净""无声响操作"等绝活，并模范地带出了"王啸飞燕""显新穿针""刘洋神绳"等一大批具有社会影响的工作品牌。他带领团队按照"泊位、船时、单机"三大效率的标准要求，深入开展比安全质量、比效率、比管理、比作风的"四比"活动，先后六次打破集装箱装卸世界纪录，使"振超效率"令世人赞叹，将"振超精神"名扬四海。"10小时保班"服务品牌为顾客提供了超值服务，吸引了全球各大船运公司纷纷在青岛港上航线、换大船。2006年，青岛港集装箱达到770.27标准箱，位列世界第11强。

许振超积极响应建设节约型社会的号召，按照青岛港"管理挖潜年"的要求，多方试验在冷藏集装箱上加装节电器，仅2005年就节约电费6007元，投资回报率达到60%。自2006年以来，他积极响应国家节能减排的号召，领衔组织实施了轮胎吊"油改电"技术改造，填补了这一技术的国际空白，在全部77台轮胎吊投入使用后，年节约资金3000万元以上，噪音和尾气污染大为降低，接近于零。

青岛港集团董事局主席、总裁常德传说："为什么会有振超效率？因为许振超能够将下面的一帮子人领起来。在许振超的带动下，他的绝活、振超效率，80%以上的人都已能熟练掌握，许多工人还掌握了新的绝活。世界纪录不断被刷新，已不仅是许振超一个人的力量，更是许振超带动下的团队的力量。"

截至2007年5月，"振超团队"连续6次打破集装箱装卸作业世界纪录，而他本人也因此获得"全国职工技术创新成果一等奖""五一劳动奖章""全国劳动模范"等多项奖励和表彰。

挪威作家汉姆生说："热爱他的职业，不怕长途跋涉，不怕肩负重担，好似他肩上一日没有负担，他就会感到困苦，就会感到生命没有意义。"工作是我们实现自我价值、追求人生目标的重要途径，唯有视其为使命，对它充满尊敬之意，全力以赴、精益求精，才能胜任。

# 第二章
# 爱上自己的工作，
# 成功就会爱上你

　　热恋中的情人，在旁人看来目瞪口呆的事情，他们却处之泰然。工作也一样，只有迷恋工作、热爱工作，才能长期坚持艰苦的工作，一以贯之，无怨无悔。

——稻盛和夫

# 1. 没有成功人士不爱自己的工作

稻盛和夫认为，要想拥有一个充实的人生，人们只有两种选择：一种是"从事自己喜欢的工作"，另一种是"让自己喜欢上工作"。一个人能够一开始就碰上自己喜欢的工作的概率实在太小，"恐怕不足千分之一，甚至万分之一"，所以，大多数人初出茅庐，都不得不从自己不喜欢的工作开始。面对这种情况，我们到底该怎么办？稻盛和夫以其自身的经历告诉我们：没有成功人士不爱自己的工作，我们必须从"厌恶工作"发展到"喜欢工作"，而且，"厌恶工作"也"完全可以"发展成"喜欢工作"！

被誉为"世界上最伟大的推销"的乔·吉拉德在被问及如何成为一名优秀的推销员时，他是这样说的："要热爱自己的职业。"

吉拉德25岁时，他从事的建筑生意失败，并且背负上了巨额债务。这时他只好改行做了一名汽车推销员。开始时他只是把推销员这份工作当作养家糊口的一种手段而已。

但当他第一次经过努力卖掉了一辆汽车后，他内心的想法完全改变了。他掸掸身上的灰尘，微笑而略带激动地对自己说："就这样，好好干，你一定会东山再起的！"从此以后，吉拉德把心思全用在了工作上。用"废寝忘食"一词来形容他对待工作的态度一点也不为过。

一次，吉拉德的妻子打来电话，说他们的小儿子住进了医院，让他赶快过去。正当吉拉德匆忙换下工作服准备离·开时，一位顾客找上门来，说刚买的汽车刹车不好使，要求他尽快给调一下。吉拉德二话没说，立即又换上工作服钻进了车底，一干就是几个小时。当他抱着疲惫的身体赶到医院时，妻子已经搂着儿子进入了梦乡。他没有惊动他们母子，而是在病房的墙角蹲了一夜，第二天又早早地去上班了。

就这样，吉拉德以传教士般的狂热精神把销售汽车的事业做到了顶点——以往世界上汽车推销商的平均销售纪录是每周卖出7辆，而他平均每天就能卖出6辆。

当初就在吉拉德一个月没有卖出一辆汽车时，他也没有失望过，多年的经验和教训告诉他：所有的工作都会有难度，都会出现这样那样的问题，如果一遇到问题就缩头退让，或者一次接一次地跳槽，情况有可能会越来越糟。

吉拉德曾问过一位神情沮丧的人是做什么工作的，那人回答说自己是名推销员。吉拉德马上告诫对方说："推销员怎么可能有你这样的心态呢？如果你是医生，那么你的病人肯定会遭殃的。"

他接着说："不要把工作看成是别人强加于你的负担，即使是为别人打工，也终归是为了我们自己的生活，与其这样，不如看作是为自己工作，就当它是你最神圣的事业吧！"

一个人，无论你从事的是怎样的职业，也无论你当初选择这份工作的原因是什么，只要你选择了这个企业，就要热爱这个企业，拥有了这份工作，就要热爱这份工作，这就是职业道德感。

## 2. 对工作投入100％的热情

戴尔·卡耐基就曾说过："熊熊的热忱，凭着切实有用的知识与坚韧不拔，是最能造就成功的品性。"爱迪生也表达了同样的认识："在人类历史上，每个伟大的决定性时刻，都是某种热情的胜利。"同样，稻盛和夫也告诉我们："热情是成功和成就的源泉。你的意志力和追求成功的热情越强，成功的几率就越大。"

一个热情敬业的员工的激情是无人可比的，同样，他们也都希望自己的员工对工作抱有积极、热情、认真的态度。因为只有这样的员工才是企业进步的根本。具有激情的员工能够感染别人的情绪，使事情向良好的方向发展。对于工作饱含激情的人，永远都是老板最为欣赏的人。

事实证明，一个人能够在工作中创造出怎样的成绩，关键不在于这个人的能力是否卓越，也不在于外界的环境是否优越，而在于他是否竭尽全力。一个人只要竭尽全力，即使他所从事的是简单平凡的工作，即使他的能力并不突出，即使外界条件并不有利，他也可以在工作中创造出骄人的成绩。

24岁的海军军官卡特，应召去见海曼·李特弗将军。在谈话中，将军特别让他挑选他愿意谈的题目。

当他好好发挥完之后，将军就问他一些问题，结果总将他问得直冒冷汗。终于他明白了：自己自认为懂得很多的那些东西，其实懂得很少。

结束谈话时，将军问他在海军学校学习成绩怎样。他立即自豪地说："将军，在820人的一个班中，我名列59名。"

将军皱了皱眉头，问："你竭尽全力了吗？"

"没有。"他坦率地说，"我并不总是竭尽全力的。"

"为什么不竭尽全力呢？"将军大声质问，瞪了他许久。

此话如当头棒喝，给卡特以终生的影响。此后，他事事竭尽全力，后来成为美国总统。

为什么你不是第一名？是不是因为你还没有拿出全部的热情全力以赴？李嘉诚曾经说过："做生意不需要学历，重要的是全力以赴。"杰克·韦尔奇也曾经说过："干事业实际上并不依靠过人的智慧，关键在于你能否全心投入、不怕辛苦。实际上，经营一家企业不是一项脑力工作，而是体力工作。"可见，在我们的工作中，学历和能力并不一定是最重要的，如果你不全力以赴，就无法在职场中取得优异的成绩。

热情是点燃卓越的熊熊烈火。用100%的热情去做1%的事情，那么你一定可以在你的职业生涯中完美地起飞。

工作热情是一种洋溢的情绪，是一种积极向上的态度，更是一种高尚珍贵的精神，是对工作的热衷、执著和喜爱。它是一种动力，在你遇到逆境、失败和挫折的时候，给你力量，指引着你去行动，去奋斗，去迈向成功。凭借热情，我们可以把枯燥无味的工作变得生动有趣，使自己充满活力，充满对事业的狂热追求；凭借热情，我们感染周围的同事，获得他们的理解和支持，拥有良好的人际关系；凭借热情，我们可以发掘出自身潜在的巨大能量，补充身体的潜力，发展一种坚强的个性；凭借热情，我们更可以获得老板的赏识、提拔和重用，赢得珍贵的成长和发展的机会。正如拿破仑·希尔所说："要想获得这个世界上的最大奖赏，你就必须拥有过去最伟大的开拓者所拥有的将梦想转化为全部有价值的献身热情，以此来发展和销售自己的才能。"

在北京西站"036"候车室工作的王凤莲则是将自己的一份激情燃成了一盏爱心之灯。

北京西客站是全国最大的火车站，每天人流量特别大，王凤莲的工作既多且杂，按照她的说法就是："在车站，有困难的旅客只要看到身着铁路制服的人，就像看到了'救星'。"

每年春运的时候，是全国人民都开始忙碌的时候，而最忙碌的就莫过于在铁路线上的服务人员了。作为全国最大的火车站——北京西站的优秀乘务人员、全国劳动模范王凤莲更是忙得脚不沾地。

有一年，她在候车大厅发现一位农民打扮的老大爷脸色蜡黄，一个劲儿地用手捂着肚子，不时发出一阵阵呻吟，头上已经沁出了不少汗水。王凤莲赶上前去询问，老大爷只说了"肚子疼"就支持不住，一头栽倒了。王凤莲连忙联系同事找来担架将老人送去最近的医院急救。老人身上没有带够钱，是王凤莲自掏腰包将医药费先给垫付上去。等老人病好了能出院了，他身上剩下的钱却连买张车票都不够，又是王凤莲帮他补足了车票钱送他上了火车……

还有一次，王凤莲值夜班，一个在候车室发呆的女孩引起了她的注意。经验告诉王凤莲，这个可能是离家出走的孩子，便给她买来夜宵，主动与她攀谈。4个小时后，女孩终于向她透露了实情，原来真是离家出走的孩子。经过王凤莲的一番细心、温情地开导后，女孩终于释然地让妈妈来接她回家。

据不完全统计，她工作的这些年来，帮助1.3万名旅客平安出行，共计收到表扬信1000多封，就连锦旗也有115面。在她看来，哪里有旅客需要，哪里就应该有良好的服务。

王凤莲将激情注入在人情之中，充溢在工作里，提升了自己，也感动了别人。

对工作的热情，可以让我们把枯燥乏味的工作变得生动有趣，使自己充满活力，培养自己对事业的狂热追求，我们更可以获得领导的提拔和重用，赢得珍贵的成长和发展机会。所以不管从事什么样的事业，要想获得成功，首先需要的就是工作激情。任何人，只有具备了这个条件，才能获得成功。

美国一家商业性杂志在对世界500强的高层领导做过抽样调查后发现：对工作的热情程度在一个人是否被聘用测评中所占比例高达53％。大多数人表示，一个具有高超技能的人如果对应聘的工作不太富有热情，就不会对工作负责到底，这样的人能力越大造成的危害越大。因此，无论你从事什么样的职业，身处什么样的岗位，都一定要对自己的工作充满热情。只有这样，你才能获得更多成功的机会，一个对工作缺乏热情的人是不会取得任何丰功伟绩的。

对工作投入100％的热情，比对工作投入100％的智慧更有效率。因为有热情能激发潜能，有热情就能全身心地投入，有热情就能干劲十足，精力充沛，有热情就能神情专注，有热情任何事都变得轻而易举，热情让人更自信，热情让人更勤奋，热情让人激情勃发，青春永驻……有时候成功与其说取决于人的才能，不如说取决于人的热情。热情是做好工作的重要支撑，热情是走向成功的必不可少的动力之源。

事实上，工作热情和工作能力并非处于同等位置，工作热情是工作能力的前提和基础，工作热情可以促进工作能力的提高。有了工作热情，才会丰富工作成果，才能证明工作能力。没有工作热情，成天混日子，那么只会日渐消沉。

工作激情不是凭空产生的。工作热情不是课堂上老师教的，也不是书本上写的，更不是父母天生给的。它是对事业、对工作的高度热爱，对社会、对他人的一片赤诚，对业务、对知识的无限渴求，对人生、对未来的美好憧憬，是用真心点燃的爱的火花，是以愉悦的心情去创造、去拼搏的动力。

工作热情来自于你对工作的态度，当你无法在工作中找到激情和动力时，请重新思考你所从事的工作的神圣与伟大。任何工作都有它自身的神圣与伟大。假如你做了多年的教师，很有可能对整天和小孩子、粉笔打交道而厌烦；假如你是医生，很可能对患者的痛苦和患者家属的愁容无动于衷。公事公办式的职业道德在你眼里可能是可笑的，你可能会想，老板给我涨点薪水可能就会改变我的工作态度。其实，这时你缺少的不是薪水与职位，而是工作的热情。

当一个人对自己的工作充满热情的时候，就会全身心地投入到工作中去。这时候，自发性、创造性、专注力等对工作有利的条件就会在我们的工作过程中表现出来，就能够把工作做到最好，这样的员工永远不会失业，永远有"饭"吃，永远有他的一席之地。

# 3.　倾听产品的笑声和哭声

稻盛和夫说："如果你能喜欢上你的工作，喜欢上自己制造的产品，那么当某个问题发生的时候，就一定能找到解决问题的方法。"事实上就是这样，对于工作人员来说，在客户面前树立专业的形象是非常重要的。客户往往喜欢和见多识广、受过良好教育、能专业解决其需求的人打交道，而不会喜欢一个只装半葫芦水的人。而且，工作人员是客户需求和问题的诊断师，没有专业的形象和能力，如何能赢得客户的信赖呢？

稻盛和夫认为，手拿放大镜仔细观察产品，等同于用耳朵静听产品的"哭泣声"。如果找到了不合格产品，就是听到了产品的"哭泣声"，我就会想，"这孩子什么地方疼痛才哭泣呢？它哪里受伤了呢？"当你把一个个产品完全当作自己的孩子，满怀爱情，细心观察时，必然就会获得如何解决问题的启示。

稻盛和夫讲了这样一则故事：

制造新型陶瓷产品的过程是，首先要将原料粉末固定成型，然后放进高温炉内烧结。

一般陶瓷的烧制温度在1200度左右，而新型陶瓷要在1600度的高温中烧结。当温度达到1600度时，火焰的颜色不是红色的，在观察它的一瞬间，它会呈现一种刺眼的白光。

将成型的产品放进这样的高温炉中烧结时，产品会一点一点地收缩。收缩率高的，尺寸会缩小两成。而这种收缩在各个方向上并不均衡，若误差稍有不等即成为不合格产品。

另外，板状新型陶瓷制品烧结时，最初不是这边翘起来就是那边弯下去，烧出来的产品就像干鱿鱼一样。对于新型陶瓷为什么会弯曲的问题，已有的研究文献上都没有记载。我们只有自己做出各种假设，然后反复试验。

在这过程中，我们弄清了一点，那就是原料放进模具加压后，因为上面和下面施压的方式不同，原料粉末的密度也不同。反复试验的结果发现，密度低的下部收缩率大，因而发生翘曲。然而，虽然弄清了翘曲产生的机理，但要做到上下密度均匀却仍然很难。

这时，为了观察产品究竟是怎样翘曲的，我们就在炉子后面开了一个小孔，通过这个小孔观察炉内的状况，观察在什么温度下产品会弯曲、如何弯曲、它还有什么别的变化等等。

果然，随着温度升高，产品就翘曲起来了。我们改变条件，多次试验，但无论怎样改善，产品还是像一个会动的生物一样，蜷曲起来。

看着看着，我都快沉不住气了，突然产生一种冲动，就想将手通过观察孔伸进去，从上面将产品压住。

这当然不可能。炉内是1000多度的高温，如果手伸进去，一瞬间就会烧毁，我当然明白这一点，但无论如何也要解决问题的强烈愿望，让我禁不住就想将手伸进高温炉。

然而，就在想把手伸进炉内将产品压住的瞬间，突然灵感来了："在高温烧结时，只要从上面将产品压住，它不就翘不起来了吗？"

于是，我们就用耐火的重物压在产品上烧制。结果，问题终于圆满解决，平直的产品做出来了。

这就说明，对于工作，我们要像爱情一样的投入，当发产品出现问题时我们才会找到解决的办法。

对于任何一个工作人员来说，不仅应熟悉自己的产品，更为重要的是应成为产品应用专家，尤其当所自己的产品比较复杂的时候。必须让客户觉得你是他们的专家、顾问，你是用产品和服务来帮客户解决问题的人，而不仅仅是工作人员而已。

优秀的工作人员必须能够毫不迟疑地回答出客户提出的问题，在必要时，必须准确说出产品的特点。要想准确说出产品的特点，你必须先对商品有广泛的认识，其中包括机械、技术、情报、原料等，你对商品所掌握的必要条件有：

①用途：这是最起码的要求。很难想象展示自己的产品却不

知道它有什么用途，就好像上了战场却不知道手中的武器是干什么的。

②使用法、操作法：不知道商品如何使用就如同拿着枪却不会上子弹，那和一块废铁也就没有差异了。

③材质、制造法、结构、制造厂：要让对方了解你的产品，就要详细说明这些基本条件。

④效果、价格：要知道你的商品能有多大功效，尤其要了解商品的真正价格，做到心中有数，以备酌情进行讨价还价。

⑤销售方法：是批发，还是零售，还有运输方法等都是对方必须了解而且十分关心的问题。

⑥购入渠道，市场评价：商品从何而来，是否值得信赖，商品的声望如何，是否信誉颇佳，都是你可以利用的有利证据。

熟悉了你的产品，下一步就要尽你所能地向对方展示了。说明产品首先要针对对方的立场和职务加以说明。首先要确认对方想知道什么，要随机应变，根据对方的反应，决定自己说明的方向与内容，或者先说出一个总论，分述的时候根据对方的反应去变化。说明产品的时候，更要察言观色，不能不确认对方的反应，一味地说下去。每一个段落说完，都应观察一下对方的反应，让对方也说话，最理想的进行方式是问答式的交谈。

展示你的产品，是最为关键的一步。如果产品不能合人意，任你说得天花乱坠也是枉然。这时，你要尽量使用诉之于视觉的材料，如资料、样品、照片、幻灯片、录像带、实物等。需要注意的是展示这些"证据"时，不要只放在桌上，而是交到对方的手中加以说明，不能太早，但更不能等到客人催你时你拿出来。

展示产品时，描绘其他顾客的好评，会使买者具有临场感。你可以惟妙惟肖地模仿顾客的言行，可以展示使用者的来信、致谢信、登报鸣谢等，还可以利用现代的展示工具——录音带或录像带，显示顾客的好评。

不要忘记，请对方实际接触操作，以引起他的兴趣，俗话说："事实胜于雄辩。"

# 4. 把全部力量集中在一个目标上

成语"专心致志"由此而来，是说一心一意、聚精会神方能成事。"专心致志"也是稻盛和夫所提倡的成功方法之一，他认为，一个人只要专心致志就可以发现生命的真谛，甚至了解宇宙。专心致志能够让一个人精通于某个领域或行业。

所谓专心致志，就是将全部的力量集中到一个目标上。这种努力追求的行为能培养出敏锐的洞察力，这种洞察力被稻盛和夫称为"有意注意"的能力。

稻盛和夫说的这种"有意注意"的能力就好比我们使用锥子。锥子的作用原理是通过把力量凝集在最前端的一点上，以达到最大的作用力。在稻盛和夫看来，这个功能的核心就是"集中力"。无论是谁，只要像锥子一样，将全部力量集中在一个目标上，就一定能成功。

稻盛和夫年轻时，为了使事业尽早平稳发展，每天都非常繁忙。为了节省时间，他与部下的联络常常通过走廊谈话的方式进行，对于部下提出的问题，稻盛和夫也都是在走廊中一边思考其他事情一边解决的。这种应对方式后来出了问题——有时候部下确认自己在走廊上已经将某件事情告诉了稻盛和夫，而稻盛和夫却坚持认为自己根本没有听说过。当类似的事情发生过几次之后，稻盛和夫取消了在走廊等非工作场合接受部下报告的工作方式。

稻盛和夫从中明白了一点，如果需要谈话或者商量问题，无论是在办公室还是在事务所的角落，解决问题的效率都比在走廊中要高。因为在走廊上，人的思想无法集中、注意力容易分散，所以，他要求自己以后要在能集中注意力的地方倾听部下的报告，严禁自己在接受部下报告的同时做其他事情。

"有意注意"就是根据我们思考能力的强度、深度以及大小所产生的集中力。如果集中力不强，自然也就不能很好地思考一件事情，那么问题的关键就找不到，问题也就得不到解决。

美国纽约中央车站问询处，每天流客都络绎不绝，许多陌生的旅客不可避免要问一些问题。如何在给提问者回答的时候，做到方寸不乱，对于柜台后面的服务员来说，着实是件挠头的事。可事实上，有人注意到，有一个服务员的工作状态却好到了极点。

此刻在他面前的旅客，是一个矮胖的妇人，脸上充满了焦虑与不安。服务员把头抬高，集中精力，透过她的厚镜片看着这位妇人，"你要去哪里？"

这时，有位穿着入时，一手提着皮箱，头上戴着昂贵的帽子的男子，试图插话进来。但是，这位服务员对他却置之不理，只是继续和这位妇人说话："你要去哪里？"

"特温斯堡。"

"是俄亥俄州的特温斯堡吗？"

"是的。"

"那班车将在10分钟之后发车，上车在15号站台。你快点走还赶得上。"

"我还能赶得上吗？"

"是的，太太。"

妇人转身离去，这位服务员立即将注意力转移到下一位客人——刚才插话的那位戴着高贵帽子的男子。但这时先前那位妇人又回头来问了一句："你刚才说是15号站台？"这一次，这位服务人员集中精力在下一位旅客身上，轮到对这位头上扎丝巾的妇人置之不理了。

有人请教那位服务员："能否告诉我，你是如何做到并保持冷静的呢？"

那个服务员说："我一次只专心服务一位旅客，这样工作起来才能有条不紊，为更多的人服务。"

对于一个员工来说，做好每一件事是一个员工纵横职场的良好品格，但是如果一个人不能专注于自己的工作，不能把工作做好，那么他很难得到老板的器重与提拔。在现在的社会中，想必没有哪个企业会喜欢做事三心二意、马马虎虎的员工，所以一次只做一件事是把事情做好，提高工作效率的最好策略。

鲁迅先生当年在上海写作时，他曾给自己定下一条原则：除非有特殊的紧急事件要处理，否则就要全身心地投入到写作工作中去。他把所有的精力集中在一件事情上，为自己营造一个创作与高效率结合的工作环境。他每天一坐到桌子前，就不再想别的事，就算是手中的书稿写到最后结尾时，他也绝不会想着其他的什么。这条原则伴随鲁迅专心致志地忘我工作，让鲁迅没有感觉到写作是一件枯燥无味的工作。他在上海近10年之间创作了大量的作品，《而已集》《三闲集》《二心集》等作品都是他在上海期间所作。当一个人专心致志于一件事情的时候，好像世界上就只剩下了这一件事。

注意力不集中、对工作漫不经心，根本不可能做好任何一件事情。只有当我们有意识地去注意一件事情，认真而有目的地将我们的意识、思想集中在这件事情上时，我们才能从中找出解决问题的办法。

当然，要想心无旁骛、矢志不移地进行一项事业并不容易，那么要怎样才能做到一直保持"有意注意"呢？稻盛和夫告诉我们："'有意注意'其实也是一种生活习惯。每个人的注意力是有限的，总是集中意识注意一个事物是困难的，但是只要用心就能逐步养成有意注意的习惯，就能抓住事物的本质和核心，从而具备准确的判断能力。"稻盛和夫认为，专注的能力是渴望成功之人的必备素质。而且，只要用心，"有意注意"的习惯是可以培养的。稻盛和夫说："你可能会说，你太忙了，没有时间注意那么多细节。其实，要养成注意细节的习惯，最好是在忙碌的时候。即使是你不感兴趣的东西，也应该尽力去注意。这就是日文中所说的'有意注意'，即有意识地注意。"

一直反复地进行一件事情就能形成所谓的条件反射，久而久之也就成了习惯。同样，要使集中注意力也成为一种习惯，那就需要多多观察生活或者工作中的细节。长此以往，我们解决问题的能力就会得到提升。

稻盛和夫用他的经验向我们传达了这样一个信息："有意注意"也是一个人众多能力中的一种，长期进行集中注意力的练习，能培养一个人对事物观察的敏锐性，有意注意的习惯就是这样培养起来的。

在稻盛和夫看来，培养有意注意的习惯是有方法可循的。首先掌握形势是作出正确决定的前提；其次，感觉一定要敏锐，并注意细节，这样才能直指事情的核心。"敏感"往往来自于全神贯注——这种专注并不是一朝一夕可以养成的，而是一种长期积累的习惯。假如我们凡事注意细节，就能在任何情况下都专心思考。如果我们没有这种习惯，要专注于某一个焦点则是极其困难的。

一个人不能同时做两件事，正如一个人不能同时骑两匹马，这就是心无旁骛的意义。聪明人会把凡是分散精力的要求都抛置身后，这就是专心致志表现。将目标集中在一个点上就更容易接触到问题的核心，成功人士往往是因为能够集中注意力，心无旁骛地用心工作，所以最终成就大业。

# 5. 爱上自己的工作，不要随意跳槽

如果你问一个人："你是否热爱自己现在的工作？"

那么他十之八九会回答你："不！事实上，我对现在的工作感到厌倦！"

也许就是因为这个原因，每天都会有人突然间辞职、调换工作等。但人们转换工作方向后，难道就会快乐了吗？事实恰恰相反，烦恼依然如影随形。所以，稻盛和夫提醒我们："与其寻找喜欢自己的工作，不如先喜欢上已有的工作；与其追求幻想，还不如爱上眼前的工作。"

究其原因大多数人不喜欢已有工作的原因，他们只是把工作当成一种谋生的手段，而不是一生的事业。他们每天上班下班，却没有明确的奋斗目标。

赵鹏初中毕业后，由于家境贫穷，只能出来打工。初到深圳，一无文凭，二没关系，三缺手艺的他，无所凭借，于是只能栖居在沙头角的铁皮房中。经过认真反复的思考和了解，赵鹏决定去卖菜。

卖菜成本低，几百元就可以周转，只是每天都得起早摸黑，又脏又累。

卖菜的过程中，赵鹏一直留心观察身边的事情。他发现，做豆腐是门手艺，不像卖菜，谁都可以干。于是他马上向做豆腐的师傅学习，以更勤奋的工作获得对方信任，最后还和做豆腐的人合作，卖起了豆腐。

豆腐在菜场中零卖销量有限，赵鹏经过观察发现，豆腐卖给食堂这样的大客户更有利润。于是接下来他便开始给食堂送货。别人送豆腐送到货收了钱就走，赵鹏则不同，他每送一处，只要人家正在做饭，他一定把豆腐切好，下到锅里。就因为多做了这一点小事，赵鹏的人生出现了第一次转机。

有一天赵鹏为沙头角一个上千人的大公司食堂送豆腐，恰巧该公司的行政部经理正在食堂检查工作，看见赵鹏帮着切豆腐，询问怎么回事。员工说他每次都这样做。行政经理当即说，你也不用再卖豆腐了，到公司来上班，我们正缺一名保安。

这个岗位的职责也就是坐在公司门口，监督工人上下班打卡，保证公司财物安全。在这个岗位上，赵鹏又做了别的保安从未做过的事——将公司门口打扫得干干净净，连打卡机的卡架都擦得没有一丝灰尘，赵鹏一干就是一年多。一年之后，他的人生又出现了第二个转机。

这家公司进军商界，开设连锁超市，需抽调老员工去从事经营管理工作。赵鹏勤勉负责的工作态度和积极主动的工作作风，使老板不加考虑地就把他选上了，让他负责超市糖果蜜饯的财务管理。

赵鹏自从得到这份差事以后，非常珍惜它，他克服了自己文化水平低的困难，将业务账目梳理得井井有条，无论供货有多少品种，销退、结账、保质期，他都在账上反映得清清楚楚，使进出货办得极有效率。此外，他又比别的同事多做了一件事：每次货物进出，他必亲临现场查验，不只是等仓库报单据。而客户结算退货他也都一帮到底，装卸搬运、填单制据。

于是，顺理成章地赵鹏的第三次转机又出现了。赵鹏的细致严谨，被一位供货的台湾商人看在眼里，记在心上，这位老板决定聘请他专门打理其大陆批发业务，作为其在大陆业务的拓展负责人。

如果一个人想做一番事业，那就应该把工作当作自己的事业，应该有非做不可的使命感。把自己的职业生涯与工作联系起来，你就会觉得自己所从事的是一份有价值、有意义的工作，并且从中体会到神圣的使命感和成就感，从而彻底改变浑浑噩噩得过且过的工作态度。

现代社会，网络发达，信息通畅，为人们提供了很多工作的机会，同时也有工作后再选择的机会，"跳槽"已经不是什么新名词。几乎所有的年轻人都有过跳槽的经历或者想法，换工作就像走马灯一样频繁。很多老板不惜一切代价对员工进行培训，但是当员工积累了一定工作经验之后经常是不打一声招呼就跳槽而去，让老板显得很被动，也很无奈。

员工频繁地跳槽，首先受到直接损害的是企业。一家大公司的人力资源部经理说："我最担心的一件事就是，我们辛辛苦苦为企业培训的员工，一转身他就跳槽了。"员工刚进到企业的时候，拿着薪水，其实还不能为企业创造同等的价值，只有当他接受过培训，具有一定技能和实际操作经验的时候，才正是为企业所用的时候。如果这时候突然跳槽离开，公司花费大量人力物力进行的培训就没有取得应得的成果。并且，这时候再招新的员工，不仅时间上有差距，一时也不能完全胜任企业的工作，企业的损失是很大的。

当跳槽越来越成为一种流行时，此举在更多的老板眼中便成为了一种缺乏忠诚的表现。频繁地跳槽表面上看来直接受到损害的是公司，而从更深层次的角度上看，对员工伤害更深，无论是个人资源的积累，还是所养成的"这山望着那山高"的习惯，都会使员工的价值有所降低。

跳槽对员工的伤害主要表现在多数跳槽者对跳槽缺乏科学的判断和理性的决定，造成跳槽不当，对自己也造成了很大的伤害。

大多数跳槽者都存在单纯以薪资为导向的盲目性。金钱至上的心理，使那些跳槽者忽略了跳槽后的工作对自己适合的程度，忽略了自己的工作经验是否能得到延续和增加以及是否有利于自己整体职业生涯的发展。盲目以薪金为跳槽的原因，这样的跳槽失败的多，成功的少。

我们应该清楚，作为一名员工，工作不仅仅是为了高薪水，重要的是你工作时的心情，是否觉得个人的价值得到了最好的体现和利用，是否在自己的人生道路上向着成功的目标在一步步踏实地前进。既然选择了一份工作，就要认真地干下去，争取能早日干出成效来。因为工作能力的培养，必须要经过一个相对长的时间，频繁地更换单位或者工作，并不利于专业经验和技能的积累，最后往往是什么都会一点，但什么都不精通、都不专业，什么工作都做不好。

# 第三章

# 持续努力，
# 化平凡为非凡

专心致志于一行一业，不腻烦、不焦躁，埋头苦干，你的人生就会开出美丽的花，结出丰硕的果实。

——稻盛和夫

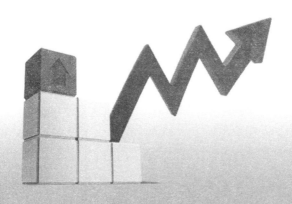

# 1. 做一个"自燃型"的人，
## 让斗志越燃越旺

稻盛和夫先生说："热情是一种状态——你24小时不断地思考一件事，甚至在睡梦中仍念念不忘。事实上，一天24小时意识清楚地思考是不可能的。然而，有这种专注却很重要。如果真这么做，你的欲望就会进到潜意识中，使你或醒、或睡时都能集中心志。"因此，他也曾提出自燃性的人、可燃性的人、不燃性的人这三种类型的人。其意要让自己做一个自燃性的人。无论做什么事情，只有积极主动的人才会得到更多的机会，成功的可能性也就更大，如果一个人没有起码的进取心，其结果是可想而知的。

稻盛和夫把一家只有28个人的小作坊，发展成了拥有几万名员工的跨国大企业——京瓷集团。他说："说什么没办法，做不下去了，现在只不过是中途站罢了。只要大家使出全力撑到最后，一定会成功的。"关键在于是否把它当成自己必须完成的一项任务，是否将精力全都贯注其中，是否有那种不达目的死不休的精神。

稻盛和夫先生还说："从事一项工作需要相当大的能量。能量能激励自我，燃烧激情。燃烧自我的最佳方法是热爱本职工作。无论是什么样的工作，只要全力以赴地去干，就能产生很大的成就感和自信心，而且会产生向下一个目标挑战的积极性，在这个过程的反复中你会更加热爱工作。这样，无论怎样的努力，都不会觉得艰苦，最终能够取得优秀的成果。"正是因为有这样的信念，他最终将京瓷带向了世界这个大舞台上。

稻盛和夫先生认为，自燃性产生的根源在于"喜欢"。一旦喜欢上了，自然而然会产生努力的意念，也会在最短时间内把事情做好。旁人眼里看来以为你辛苦不堪，其实你根本浑然不觉，甚至乐在其中。他讲述了一个自己忘我工作的事情，说自己每天除了工作还是工作，很少待在家里，为此，其邻居关切地问他的夫人："您家先生都是什么时候才回到家的啊？"他的双亲也写信来劝他别那么拼命工作，小心把身体累垮了。但他并没有觉得累，也并没有觉得苦，他将此归功于"喜欢"。

由喜欢而做的力量是无限的。正因为稻盛和夫深深地爱着自己的工作，才会自觉投入喜欢的工作，才会自燃起热情。拥有了自发性的热情，离成功也就不远了。稻盛和夫先生还要求其他管理阶层也要有自燃性的激情，并以自己的影响力去带动所有员工的热情。而这也就需要公司有一个以"激情"为核心的经营原则，对此，所有的管理阶层也必须率先要做到这些。

自燃性的激情首先要使自己有一颗单纯的心，也就是不斤斤计较，不自私自利，而是单纯地希望能对他人有所帮助，能对企业起到作用。

　　海南金鹿农机公司电焊班班长苏波清，当年刚进厂时只有初中文化，一次无意间将自己的单车撞坏了，厂里的电焊老师傅帮他修好，苏波清一看居然和新的一样。他第一次感受到"电焊"的神奇，也从内心深处喜欢上这个行当。

可是，刚开始入门当学徒的苏波清就迎来了个"下马威"。他看着老师傅手持焊枪像挥舞画笔一样，将一根直径不到3毫米、硬度很低的铁条焊在一根硬度很高的铁条上。他觉得神奇极了，简直是在制作天衣无缝的工艺品。老师傅焊完，他就赶紧去把焊条头拿起来想仔细看看，结果手立时被烫了一个泡。原来这个神奇的"画笔"要想乖乖地在手中舞动还需要下很大的工夫啊。

他没有退缩，什么困难在"热爱"两个字面前都显得微不足道了。他怀着更强烈的兴趣和激情投入到学习和训练中。

他白天跟着老焊工学手艺，晚上回到家拼命钻研焊工技术书籍，在同组的5名学徒工里，他进步是最快的。

2003年8月，苏波清所在的金鹿农机公司接受了海南省最大的跨海大桥——世纪大桥南北两头大梁的拼接焊接任务。苏波清带领两名工友上了一线。

"老实说，最大的困难不是技术，而是工作环境。"当时正逢盛夏酷暑，施工现场全是水泥和金属，温度有四五十摄氏度，加上电焊工要穿厚重的防护服，全程吊挂在桥梁上。而且这一任务要求一条接缝的焊接必须连续3个小时直接完成，中间不能停顿。

"穿上衣服不一会儿，我就险些热晕过去。工友问我，等天凉了再干？我说不，哪能刚上前线就当逃兵！"

焊花闪耀，热带的骄阳灼烧着水泥桥梁，焊件旁边的海面上由于高温的炙烤，空气扭曲着向上升腾。

"那种热，应该说超过了人忍耐的极限。我感觉就是血管马上要爆裂了。但手不能停，一停，这个焊件就算失败了。"就这样，苏波清在烈日暴晒下苦干两天，最终圆满地完成了8条接缝的焊接任务。从此，他也落下一个"铁老苏"的美名。

"一口气将那个任务拿下来的原因，可能就是一份不服输的豪情和一份不甘落败的激情吧。"苏波清如是说。这话说的不仅是一件任务，也是他对自己职业生涯的心得。无论是刚开始接触这个行当时他就伤了自己，还是中间经历了多少波折，都像是"激将法"一样让他越战越勇。"爱上了电焊这一行，最初就是个好奇心。但还是那句话：干一行，爱一行，爱上了，就想干好。"这位海口市的劳动模范话语间有掩饰不住的兴奋。

有激情才能有积极性，没有激情只能产生惰性，而惰性只能使你落伍，业绩不佳则难免要被时代"炒鱿鱼"。内心充满激情，你就会兴奋；你精神振奋，也会鼓舞别人工作，这就是激情的感染力量。

一个人如果整天无精打采，神思恍惚，虽未受到重大打击，可总是按部就班，平时不犯大错，但也绝不能做到最好。这样无趣的人，你想象他能冒风险，顶压力，克服种种困难，率领一个团队成功创业吗？没有激情就无法兴奋，就不可能全心全意投入工作，也不可能创造性地解决工作中的难题，更不可能有创业的力量和勇气。丧失了奋力搏杀的激情，必定开始萎靡不振，缺乏激情的人，生活一定单调而没有色彩。

敬业的人对工作的激情永远不会干涸，他会疏通情感渠道，从而起到加油站的作用。敬业的人其激情发自内心，起于梦想，所以这种激情不会轻易消退，它表现成为一种强大的精神力量，征服自身与环境，持久地散发出魔力，引导我们创造出日新月异的成绩，让我们在激烈的竞争中立于不败之地。

# 2. 用高标准来要求自己

在工作和生活中，我们常常会有这样的体会：没有高要求就没有高动力。稻盛和夫指出："人类是一种非常软弱的生物，所以需要某种外部刺激才能提高自身的能力。"给自己一个标准就是一个激励自己的很好办法。曾经问过很多优秀员工，为什么能够创造业绩奇迹，虽然答案各种各样，但是其中有一点非常地相似：他们对自己都有着极高的要求，他们会自动自发地去把工作做到最好。

当然，工作做完了，并不表示不可以改进了。在满意的成绩中，仍要抱着客观的态度找出毛病，发掘未发挥的潜力，创造出最佳业绩，这才是一个积极进取的员工应有的表现。

　　泰国的东方饭店堪称亚洲饭店之最，几乎天天客满。如不提前一个月预订是很难有机会入住的，而且客人大都来自西方发达国家。东方饭店的经营如此成功，是他们有特别的优势吗？不是。是他们有新鲜独到的招数吗？也不是。那么，他们究竟靠什么获得骄人的业绩呢？要找到答案，不妨先来看看一位姓王的老板入住东方饭店的经历。

　　王老板因生意经常去泰国；第一次下榻东方饭店就感觉很不错，第二次再入住时，楼层服务生恭敬地问道："王先生是要用早餐吗？"王老板很奇怪。反问："你怎么知道我姓王？"服务生说："我们饭店规定，晚上要背熟所有客人的姓名。"这令王老板大吃一惊，虽然他住过世界各地无数高级酒店，但这种情况还是第一次碰到。

　　王老板走进餐厅，服务小姐微笑着问："王先生还要老位子吗？"王老板的惊讶再次升级，心想尽管不是第一次在这里吃饭，但最近的一次也有一年多了，难道这里的服务小姐记忆力那么好？看到他惊讶的样子，服务小姐主动解释说："我刚刚查过电脑记录，您在去年的6月8日在靠近第二个窗口的位子上用过早餐。"王老板听后兴奋地说："老位子！老位子！"小姐接着问："老菜单，一个三明治，一杯咖啡，一个鸡蛋？"王老板已不再惊讶了，"老菜单，就要老菜单！"上餐时餐厅赠送了王老板一碟小菜，由于这种小菜他是第一次看到；就问："这是什么？"服务生后退两步说："这是我们特有的某某小菜。"服务生为什么要先后退两步呢，他是怕自己说话时口水不小心落在客人的食品上。可以说这种高标准的服务不要说在一般的饭店，就是在美国顶尖的饭店里王老板都没有见过。

后来，王老板有很长一段时间没有再到泰国去。但在他生日的时候却突然收到了一封东方饭店发来的生日贺卡，并附了一封信。信上说东方饭店的全体员工十分想念他，希望能再次见到他。王老板当时激动得热泪盈眶，发誓再到泰国去，一定要住在"东方"，并且推荐自己的朋友像他一样选择"东方"。

其实，东方饭店在经营上并没什么新招、高招、怪招，他们采取的都是惯用的传统办法，向顾客提供人性化的优质服务。只不过，在别人仅局限于达到规定的服务水准就停滞不前时，他们却进一步挖掘，按最高标准要求自己，抓住许多别人未在意的不起眼的细节，坚持不懈地把最优质的服务延伸到方方面面，落实到点点滴滴，不遗余力地推向极致。由此，便轻而易举地赢得了顾客的心，天天爆满也就不奇怪了。

对于员工来说，以最高的标准要求自己，在工作的时候，就意味着做到让客户百分百地满意，让客户感受到超值的服务，这也是优秀员工工作的唯一标准。

曾有一名伟大的推销员这样回忆他成功的历程，他说：他开始做推销之前就读很多关于自我启发的书籍，这方面的书籍堆满了他的书架，这些书中给他影响最大的是拿破仑·希尔的《成功哲学》。

他是21岁时和这本书相遇的，至今还有一节铭记在他的心中："如果你想成功，必须明确自己的追求，并且要明确付出多少代价才能把它搞到手。为此，你要具体地设定目标，详细、周密地做出到达目标的行动计划，尽最大努力去做，每天大声朗读。在没有实现目标之前就以目标的最高标准来要求自己。"当时，他的内心被"实现目标之前就像实现后那样的高要求来认真对待"以及"所有的成功都取决于人的精神状态"这种观点强烈吸引，但并不真正理解它的含义。可是不久，他按照这种观点去做以后便开始理解了其中的深刻内涵。

拿破仑·希尔讲的所谓"实现目标之前就以目标的最高标准来要求自己"，就是"将自己成功时的形象，放到愿望世界"。这样放进愿望世界里的形象就成为人的动力，人将会有强烈欲望去积极采取有助于自己取得成功的行动。所谓成功始于内心，指的就是这样的过程。工作，就以最高的标准来要求自己，而这种要求对人产生效果的原理就是通过这样的行动选择而表现出来的。

韩国现代公司的人力资源部经理在谈到对员工的要求时是这样认为的："我们认为对员工的最好的要求是，他们能够自己在内心中为自己树立一个标准，而这个标准应该符合他们所能够做到的最好的状态，并引领他们达到完美的状态。"

# 3. 以百米赛的速度跑马拉松

"付出不亚于任何人的努力"是稻盛和夫的口头禅。他在《干法》一书中这样写道：努力的重要性人尽皆知。如果我问："你努力了吗？"几乎所有的人都会回答："是的，我尽了自己最大的努力。"

但是，仅仅付出同普通人一样的努力，是很难取得成功的。不管这样的努力持续多久，这不过是做了理所当然的事情。只有付出非同寻常的"不亚于任何人的努力"，才有可能在激烈的竞争中取得骄人的成绩。

这个"不亚于任何人的努力"极为重要。

希望在工作中成就某种目标，就必须持续地付出这种无限度的努力。不肯付出加倍于人的努力，而想取得很大的成功，并维持之，那是绝对不可能的。

李嘉诚虽已年老，但依然精神矍铄，每天要到办公室中工作，从来不曾有半点懈怠。据李嘉诚身边的工作人员称，他对自己业务的每一个细节都非常熟悉，这和他几十年养成的良好的生活、工作习惯密切相关。

李嘉诚晚上睡觉前一定要看半小时的书，了解前沿思想理论和科学技术，据他自己称，除了小说，文、史、哲、科技、经济方面的书他都读，每天都要学一点东西。这是他几十年保持下来的一个习惯。他回忆说："年轻时，我表面谦虚，其实内心很'骄傲'。为什么骄傲？因为当同事们去玩的时候，我在求学问，他们每天保持原状，而我的学问渐渐增长，可以说是我一生中最为重要的。现在仅有的一点学问，都是在父亲去世后，几年相对清闲的时间内每天都坚持学一点东西得来的。因为当时公司的事情比较少，其他同事都爱聚在一起打麻将，而我则是捧着一本《辞海》、一本老师用的课本自修起来。书看完了卖掉再买新书。每天都坚持学一点东西。"

稻盛和夫认为，所谓"不亚于任何人的努力"，不是说"做到这种程度就行了"，而是没有终点、永无止境的努力。将目标一次接一次向前推进，就要进行

持续的、无限度的努力。

他曾说过下面这样一段话：

"企业经营，就好比连续奔跑42.195公里的马拉松比赛。我们就是至今未经训练的业余团队，而且在这样的长距离赛跑中，我们起跑已经比别人晚了一步。在这种情况下，如果我们还想参加比赛，那么，我想我们只有用百米赛的速度奔跑才行。有人认为这样硬拼，身体肯定吃不消。但是，我们起跑已迟，又没有比赛的经验，若想取胜，非这么做不可。如果做不到这一点，我们一开始就不应该参加这场比赛。"

用百米赛的速度跑马拉松，大家都认为、都担心中途会有人

落伍。但是，一旦跑起来以后，全力奔走就成了我们的习惯。用最快的速度奔跑，我们居然真的坚持到了今天。

而且在比赛过程中，我们看到，那些先行起跑的团队速度并不太快。现在最领先的团队已进入我们的视野，说明我们已经离第一越来越近了，让我们继续加速，全力疾驰，超越他们！

这种以短跑的速度进行长跑比赛的无限度的努力，就叫做"不亚于任何人的努力"。

章子怡现在能够成为国际巨星的最根本原因就是四个字——不甘平庸。

8岁学习跳舞，17岁考入中央戏剧学院，19岁出演张艺谋的电影，21岁凭《卧虎藏龙》一举成名，25岁成为东西方共同热捧的"中国娃娃"，章子怡就像是登上了成功轨道的特快列车。

很多人说，这是因为她幸运。事实上，只有运气是远远不够的，任何人的成功都不可能简单地归为"运气"二字。对于章子怡来说，主观上的不甘平庸、渴望成功才是成功的关键。

当年在中央戏剧学院学习的时候，班里有很多或漂亮、或有实力的"明日之星"，而章子怡一直默默无闻，在专业上也不是特别突出，但她在学习上的"狠劲"，一股一定要冒出头的劲头却是无人能比的。在大学二年级期末汇报演出上，章子怡在班长编导的舞台剧《大荒漠》中出演一位油田队长的妻子。最后一幕，章子怡跑着冲出去，由于太过投入，手撞上了玻璃，可她一点都没有失态。至今，她的掌心还留有一道疤痕，记载着她在努力向上、不甘平庸之路上付出的辛苦。当然，真正让章子怡一举成名、蜚声国际的还是李安导演的《卧虎藏龙》。用她自己的话说，她当时顶着巨大的压力，每天吊钢丝吊得伤痕累累，甚至到了晚上睡不着觉的地步，而决心要把角色拿下来的劲头使她获得了成功。为什么她会这么说呢？因为她非常清楚，在当时，李安找了很多人试演"玉娇龙"这一角色，她只是候选人之一，所以她一直较着劲，神经绷得紧紧的。按说，当时的章子怡因拍摄了《我的父亲母亲》已经是国内女演员中的佼佼者，是不需要这么难为自己的，但性格决定行为，也决定人生道路，章子怡是一个不甘平庸、不甘局限于已有成绩的人，所以她选择了挑战，选择了更高的目标。章子怡至今还说："最苦的要数拍《卧虎藏龙》，李安的风格不是手把手教你，而是看你演几遍、几十遍下来后，他说：'我要第三次的头，第十二次的中间，第八次的尾。'他从不说我演得好不好，我只能观察他的表情。最难受的是，如果杨紫琼(片中另一演员)演得好，李安会抱抱她，可对我，从来没有。5个月呀，我就自己挨着，没人能倾诉。那时我特别瘦，只有45公斤，关机那天，李安终于抱了我一下，我号啕大哭。"

付出总有回报，不甘平庸的章子怡终于获得了成功，她可以自豪地说："我现在可以胜任任何功夫片，不管什么样的马，我骑上就能跑！"事业如日中天的她也会感慨："人的张力实在是很强的，没有受不了的苦，承受一些压力，接受一些挑战，是好事。"

当我们在惊叹别人的成功时，当我们在羡慕他人的"运气"时，别忘了他为这一天付出了多少努力，学习了多少东西。林语堂说："写作是若非一鸣惊天下的英才，都得靠窗前灯下数十年的玩摩思索，然后可以著述。"职场中又何尝不是如此呢？默默地向别人学习，打好坚实的基础，直至有一天自己强大得足够独当一面或者带动企业奔跑。

平平常常的努力，不管是企业还是个人，都不可能获得理想的成果，只有付出"不亚于任何人的努力"才是人生和事业成功的最强动力。

# 4. 创新的脚步永不停留

被誉为开创了一个"新石器时代"的京瓷株式会社，最初是致力于新型陶瓷的多元化应用，随后向其他全新的领域进行拓展。以新型陶瓷的多元化应用为例，一开始主要是运用在电子工业领域，后来发展到切削工具、人工骨、人工宝石、太阳能光伏这样的新领域。

在电子工业领域，京瓷最初是给松下电器的电视机显像管生产U字形绝缘体的。但在U字形绝缘体供不应求、盈利丰厚的时期，稻盛和夫就开始了各种新产品的研发，其中包括研发U字形绝缘体的替代产品。实际上，U字形绝缘体后来全部被淘汰了，原因是显像管被晶体管所替代。但此时，京瓷已经能生产晶体管的"标头"，并几乎包揽了这种产品的全球市场。不久，晶体管被IC所替代，但京瓷早已开发出了陶瓷IC封装。伴随着半导体行业的发展，陶瓷IC封装使京瓷获得了飞跃性的发展。

京瓷为什么会如此有先见之明，一次又一次地跟上技术变迁的步伐呢？稻盛和夫认为，京瓷并没有什么先见之明，只是不满足于现状，对任何事物都想钻研创新，敢于向新领域发起挑战。他说："不断地钻研创新，不断地从事创造性工作，这才是发展事业最基本的手段。"他甚至进一步认为，对于看似没有发展前景的工作，只要在工作中不断地钻研创新，彻底地追求新的可能性，就能取得卓越的发展。

事实就是这样，要想你的产品能牢牢地吸引顾客，就要不断地开拓市场，就要有永不停息创意精神。

在众多的体育用品之中，足球鞋可能是最主要的产品之一。据统计，阿迪达斯公司仅此一项，每年就生产500多个品种，28万余双，在150多个国家的体育用品销售中占据着首位。

阿迪常说："现代的体育运动迅速发展，体育用品的生产，必须时刻注意改进产品，以适应顾客的需求，否则就有被挤垮的危险。"

很多年来，阿迪达斯公司之所以能牢牢地吸引顾客，不断地拓展市场，其中，永不停息的创意精神就是阿迪达斯公司成功的关键所在。

一次，阿迪达斯公司发现足球鞋的重量与运动员的体力消耗关系极大：在每场1小时30分钟的比赛中，平均每个运动员在球场上往返跑1万步。如果每只鞋减轻100克，那么，就可大大减少运动员的体力消耗，提高他们的拼搏能力。

阿迪经过观察，发现半个世纪以来，足球鞋的重量很少减轻，而主要原因是保留了足球鞋上的金属鞋尖。而在每场比赛中，就是最能拼杀的前锋，可能踢触到足球的时间，也只有4分钟左右。

怎么样才能把鞋的重量再减轻一些，这成了阿迪整天琢磨的事。据说阿迪为此整天吃不好饭、睡不好觉，直到晚上还是迷迷糊糊，想着跑鞋减轻重量的事，不知不觉进入到梦中。在梦中，他梦到与足球运动员对话。

运动员告诉他："鞋钉太重，可否取掉？"

"那你们的鞋不是太软了吗？"

"可以搞得硬一些。"

这句话惊醒了阿迪，他连忙爬起来，拧亮台灯，在记事本上记下这段对话。

经过反复的研究，他们果断地去掉了鞋上的金属鞋尖，设计出了比原来轻一半的新式足球鞋。这种鞋投放市场就立即受到好评，足球运动员和足球爱好者们争相购买。

1954年，世界杯足球赛在瑞士举行。阿迪达斯公司抓住开赛前的机会，深入到运动员中间，广泛地听取运动员的意见和要求后，非常迅速地研制出一种可以更换鞋底的足球鞋。

决赛那天，伯尔尼的万克多夫体育场上一片泥泞，赛场上的匈牙利队员奔跑起来非常费劲，狼狈不堪，而穿着阿迪达斯公司生产的新球鞋的联邦德国队员，却依然雄姿勃勃，健步如飞。比赛结果，联邦德国足球队第一次登上了世界冠军的宝座。就这样阿迪达斯的活动钉鞋一下子又成了人们抢手的热门货。

阿迪达斯公司还十分注重西方青年服装的潮流，在花样及色彩上不断更新，使人们目不暇接，难怪人们说，很难看到同一样式的阿迪达斯运动衣。后来，他们又进一步研究出150多种新产品。在1986年的欧洲运动服装博览会上推出，为主办者增色不少。

30多年来，阿迪达斯公司开发了一种又一种受人欢迎的产品：橡皮凸轮底球鞋；适合冰雪地、草地、硬地比赛的各类球鞋；20世纪60年代研制出来的以塑料代替皮革的球鞋；70年代投产的用三种不同硬质材料混合制成鞋底的球鞋；80年代初生产的新式田径运动鞋，这种鞋的鞋钉螺丝可以根据比赛场地和运动员的体重、技术特点、用力部位而自行调节。

早在1978年，仅足球鞋一类，阿迪达斯公司在世界各地所获得的专利就达700多项。时光整整过去了30多个年头，经过几十年的苦心经营，阿迪达斯公司从一个仅有几十名职工的小厂发展成为一家跨国公司。

目前，它已是拥有4万多名职工、年产值39亿马克的世界头号体育用品公司。它的分公司分布在全球50多个国家，产品行销160多个国家和地区。这个公司的鞋成为体育明星追求时髦、崇尚健美的"好伙伴"。

不断创新就有希望，不断改变就能生存。这是商道经营的铁律，也是成大事的又一法则。

# 5. 能力要用"将来进行时"来衡量

在建立目标时，要设定"超过自己能力之上的指标"。这是稻盛和夫的主张。

稻盛和夫认为，要设定现在自己"不能胜任"的有难度的目标，"我要在未来某个时点实现这个目标"，要下这样的决心。然后，想方设法提高自己的能力，以便在"未来这个时点"实现既定的目标。如果只用自己现有的能力来判断决定"能做"还是"不能做"，那么，就不可能挑战新事业，或者实现更高的目标。"现在做不到的事，今后无论如何也要达成。"

如果缺乏这种强烈的愿望，就无法开拓新领域，无法达成高目标。

"能力要用将来进行时"这句话来意味着"人具备无限的可能性"。也就是说：人的能力有无限伸展的可能。坚信这一点，面向未来，描绘自己人生的理想。这就是我想表达的意思。

但是，很多人在自己的工作和生活中，很轻率地下结论说：

"我不行，做不到。"这是因为他们仅以自己现有的能力判断自己"行"还是"不行"。

这就错了。因为人的能力，在未来，一定会提高，一定会进步。

事实上，大家今天在做的工作，几年前来看，你也会想："我不会做，我做不好，无法胜任。"可是到了今天，你不是也觉得这工作挺简单的？因为你已经驾轻就熟了。

人这种动物，在各个方面都会进步。"神"就是这么造人的——我们应该这么思考。

"因为我没有学过，没有知识、没有技术，所以我不行。"说这话可不行，应该这样思考：

因为我没有学过，所以我没有知识、没有技术。但是，我有干劲、有信心，所以明年一定能行。而且就从这一瞬间开始，努力学习，获取知识，掌握技术。将来密藏在我身上的能力一定能开花结果。我的能力一定能增长。

对人生抱着消极态度，认为自己的人生就将以碌碌无为而告终，这么思考的年轻人并不多。

但是，一旦面临困难的问题就说，几乎所有的人都会脱口而出说自己"不行"。

绝对不要说"自己不行"这种话。面对难题，首先要做的就是相信自己。

"现在也许不行，但只要努力一定能行。"首先相信自己，然后必须对"自己解决问题的能力怎样才能提高"进行具体深入的思考。只有这样，通向光明未来的大门才会打开。

迪士尼在上学的时候，就对绘画和描写冒险生涯的小说特别地入迷，并很快就读完了马克·吐温的《汤姆·索亚历险记》等探险小说。一次，老师布置了绘画作业，小迪士尼就充分地发挥自己的想象力，把一盆的花朵都画成了人脸，把叶子画成人手，并且每朵花都以不同的表情来表现自己的个性。按说这对孩子来说应该是一件非常值得肯定的事，然而，无知的老师根本就不理解孩子心灵中的那个美妙的世界，竟然认为小迪士尼这是胡闹，说："花儿就是花儿，怎么会有人形？不会画画，就不要乱画了！"并当众把他的作品撕得粉碎。小迪士尼辩解说："在我的心里，这些花儿确实是有生命的啊，有时我能听到风中的花朵在向我问好。"老师感到非常气愤，就把小迪士尼拎到讲台上狠狠地毒打一顿，并告诫他："以后再乱画，比这打得还要狠。"

值得庆幸的是，老师的这顿毒打并没有改变他"乱画的毛病"，小迪士尼一直在努力地追求着成为一个漫画家的梦想。

第一次世界大战美国参战后，迪士尼不顾父母的反对，报名当了一名志愿兵，在军中做了一名汽车驾驶员。闲暇的时候，他就创作一些漫画作品寄给国内的一些幽默杂志，他的作品竟然无一例外地被退了回来，理由就是作品太平庸，作者缺乏才气和灵性。

战争结束后，迪士尼拒绝了父亲要他到自己有些股份的冷冻厂工作的要求，他要去实现他童年时就立誓实现的画家梦。他来到了堪萨斯市，他拿着自己的作品四处求职，经过一次又一次的碰壁之后，终于在一家广告公司找到了一份工作。然而，他只干了一个月就被辞退了，理由仍是缺乏绘画能力。

1923年10月，迪士尼终于和哥哥罗伊在好莱坞一家房地产公司后院的一个废弃的仓库里，正式成立了属于自己的迪士尼兄弟公司，不久，公司就更名为"华特·迪士尼公司"。

虽然历尽了坎坷，但他创造的米老鼠和唐老鸭几年后便享誉全世界，并为他获得了27项奥斯卡金像奖，使他成为世界上获得该奖最多的人。他死后，《纽约时报》刊登的讣告这样写道：

"华特·迪士尼开始时几乎一无所有，仅有的就是一点绘画才能，与所有人的想象不相吻合的天赋想象力，以及百折不挠一定要成功的决心，最后他成了好莱坞最优秀的创业者和全世界最成功的漫画大师……"

稻盛和夫认为，采取能力的"未来进行时"有助于潜能的开发。他要求经营者在相信自身能力将不断提高的前提下设计自己的人生。对能力的"未来进行时"，稻盛和夫解释说："面向未来，人的能力会不断进步，因此，我们现在认为自己做不到的事情，数年后必然能够做到。如果不相信会成功，人类根本没有办法取得任何进步。人类是神创造的在各方面都能进步的物种。我把这称为能力的'未来进行时'。"人都有进取心，并不想无所事事，只不过，大多数人知难而退。平时，我们还会听到很多人抱怨："我的外语水平不行，我又不懂这方面的技术，所以我胜任不了这方面的工作。"在稻盛和夫看来，他们的不足之处在于，只用现在的能力进行自我评价，没有认识到自己的能力在将来会有很大提高。相反，如果充分相信自己，不断提高个人能力，将来一定能做成现在做不到的事情。

能力的"未来进行时"的思想在实践中有很多应用。比如，稻盛和夫指出，企业的开发研究小组不能容纳那些不相信成功，不相信自身能力会提高的人。因为这样的成员本身就没有全身心投入工作，他们在小组中所起的作用是消极的。

只有用发展的眼光，才能看到人的潜能。所以，能力的"未来进行时"的思想是为开发人的潜能服务的。稻盛和夫认为，能力的"未来进行时"的原则不仅对企业的发展很有效，也适用于人类的其他活动。他教育经营者："绝对不要把自己的能力看得很低，要看到自身的巨大潜力，对于看似难以达成的事情，也不要放弃。"在稻盛和夫的激励下，很多公司的普通员工和经营者焕发出了前所未有的力量，最终实现了他们的工作目标。

# 6. 日日反省，日日更新

反省是人类可贵的品质，只有不断地自我反省，才能不断地进步。

曾子曰："吾日三省吾身，与人谋而不忠乎，与朋友交而不信乎，传不习乎？"意思是说，我们每天都要对自己的言行和心理状态进行多次的反省，是不是在尽心尽力地为别人办事？是不是真心诚意地在和别人交朋友？是不是温习了老师所传授的知识？是否自私地只考虑到自己的利益？

只有在不断地自我反省中，才能发现自身存在的不足，从而随时修正自己的言行，不断取得进步。稻盛和夫每天都要进行自我反省，他说："每天结束后，回顾这一天，进行自我反省是非常重要的。比如，今天有没有让人感到不愉快？待人是否亲切？是否傲慢？有没有卑怯的举止？有没有自私的言行？"他认为回顾自己在一天当中的行为，再对照做人的准则，确认自己的言行是否正确，对完善自己来说是非常重要的。在自己的言行中，如果有值得反省之处，即自己出现自满、傲慢、怠慢、不周、过失这些错误言行的时候，就应该自我修正，加强自律，哪怕只是一点点，也要改正。

常警示，就能分清善恶美丑；师贤达，才能明辨是非黑白。反省自己的言行，才能看清自己的得失，才不会因为只看见成功而忽略了自己的失误，从而避免自己迷失在已取得的成绩里。

稻盛和夫在他总结的"六项精进"中就提出了"应该天天反省"的思想。他认为天天反省能磨炼灵魂、提升人格。通过每天的反省，来磨炼自己的灵魂和心志，能让我们的灵魂得到净化，从而变得更美丽、更高尚。谈到自己在自省这方面的行动时，稻盛和夫说："我年轻的时候，有时也会傲慢。因此，作为每天的必修课，我都要进行自我反省。"

有一次，记者在采访稻盛和夫时问道："您这一生中有没有犯过错误呢？如果有，您是怎么反省自己，从错误中走出来的？"

稻盛和夫沉默良久之后，给出这样的回答："在我的公司经营中，可以说没有犯过非常大的失误，涉及公司生存的大失误，没有。不过，小失误是有的。"在这种谦逊而客观的态度中，我们看到一个严格律己的稻盛和夫。

天天反省是提升人格、磨砺心志的最佳途径。通过自省提高心性修养，能使心的本性排除层层干扰和蒙蔽而体现出来；通过自省加强道德修养，能提高自己的精神境界。常常自省，就能发现问题，精神修养也能得到提高，进而也容易发现解决问题的办法；每天反省，就能降低我们犯错误的几率与次数，最终能拥有美好的人生。

稻盛和夫将不断自省的人生称为"在悔悟中生活"的人生。这指的是经常真诚地反省自己，自问所做之事是否无愧于心，并培养自戒自律的能力。稻盛和夫曾说过："在反省自我时，我会尽可能的专注与谦卑，一旦发现自己有一点自私或怯懦，我就说，'不要只想自己。'或是'要义无反顾，鼓起勇气吧'，一再地进行这样的练习之后，我的头脑更为清醒，渐渐地做到了避免错误的判断或潜在的危机。"

1995年，Inter浪潮方兴未艾。面对Inter的诱惑与挑战，微软公司的一位董事曾就公司的Inter策略问题征询比尔·盖茨的意见："我们为什么不多做一些与Inter相关的工作

呢？"当时，比尔·盖茨回答说："这是一个多么愚蠢的建议呀！Inter上的所有东西都是免费的，没有人能赚到钱。"

但当比尔·盖茨宣布微软不会涉足Inter领域后，许多员工提出了尖锐的反对意见。不少员工直接发信给比尔说，这是一个错误的决定。当比尔·盖茨意识到自己的决定并没有得到大多数人支持后，他花了大量时间重新认识和理解Inter产业，最终，他承认自己此前的决定是武断和错误的。

为了扭转公司的方向，比尔·盖茨亲自撰写了《互联网浪潮》这篇著名的文章。同时，他把许多优秀员工调到Inter部门，也因此取消和削减了许多与Inter无关的产品。那些曾经直言劝谏的员工不但没有受到处分，而且还被委以重任，逐渐成为公司重要部门的管理者。结果，微软公司很快成为了Inter领域的领跑者。

在瞬息万变的软件行业里，自省的精神、直接的沟通、宽大的胸怀以及自我修正的魄力才可以临危不乱——从这个意义上说，正是盖茨的自我反省拯救了微软公司。

世间人不管是谁，就算学问再大、职位再高，也不可能没有缺点，不犯错误，百分之百永远正确。自省，就是要经常运用批评和自我批评这个锐利的武器，开展积极的思想斗争，坚持真理，修正错误。自省是一种境界、一种态度，是对自身价值的真正肯定。自省是一种思想境界和觉悟的高度体现，也是人品人格自我提升的表现。

詹姆斯·埃伦说过："如果你不会反省，你的内心将长满杂草。"这是将自我反省比喻为对心灵的耕耘。詹姆斯·埃伦在他的《原因和结果的法则》一书中写道：

出色的园艺师会翻耕庭园，除去杂草，播种美丽的花草，不断培育。

如果我们想要一个美丽的人生，我们就要翻耕自己心灵的庭园，将不纯的思想一扫而光，并将它培育下去。

詹姆斯·埃伦用杂草比喻我们内心深处一切不好的想法，出色的园艺师不仅要翻耕庭园，还要除去杂草。每个人都是自己心灵的园艺师，我们要翻耕自己心灵的庭园，就要通过天天反省，扫除心中的邪念，然后播种美丽的花草，让清新、高尚的思想占领心灵的庭园。通过反省除去自己的邪恶之心，继而培育自己的善良之心。

如何做一个高尚的人？一个品格高尚的人应该拥有怎样的形象？我们应该带着这样的问题去描绘心中理想的自己，从而不断地省察我们的言行，完善自身，以求达到这个理想形象的要求。只有在人生实践中不断反省，我们才能提升自己的精神境界，提高心性，成为一个高尚的人。

稻盛和夫认为，一定要努力克制私利私欲，反复学习，每天反思自己的行动，反省自己的言行是否有违做人之道。他说："考验人的不只是苦难，成功和幸运也是考验。有的经营者在事业成功后得意忘形，变质堕落，忘了谦虚，傲慢不逊，溺于私利私欲，结果走向没落。不懂得成功也是考验，沉醉于小小的成功，结果自掘坟墓。越是成功时，越是不能忘记感谢周围的人，同时，'我还应该做得更好吧？'这样的虚心反省非常重要。"

　　一个人之所以能够不断地进步，是因为他能够不断地自我反省。正如零售行业的经营通过盘点就能知道销售情况一样，生活中我们也要学会"盘点"自己的心灵，因为"盘点"心灵是接近真善美、远离假恶丑的过程；"盘点"心灵，是坚持自我完善、走向成功的过程。

# 第四章

# 多做创造性的工作，
# "心想"才能"事成"

"铺装平整的大道"是大家都想走的、都正在走的路。在那样的大路上跟着别人亦步亦趋没有趣味。若只知步别人的后尘，则绝不能开拓新的事业。

——稻盛和夫

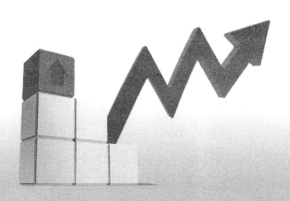

# 1.　创造性劳动，是一切价值的源泉

稻盛和夫的"经营十二条"的第十条是："经常去做创造性的工作。"从经济学的角度解释，"创造性的工作"就是"创新"。"创新"的概念最早是经济学家约瑟夫·熊彼特(JosephSchumpeter)提出的，1912年，他在博士论文《经济发展理论》中指出，从经济学角度来看，创新有五种类型：(1)引入一种新产品或提供一种产品的新质量；(2)采用一种新的生产工艺或生产方式；(3)开辟一个新的市场；(4)获得一种新原材料或半成品的供给来源；(5)实行一种新的企业组织形式、生产组成方式或管理方式。关于创新的概念有多种，但大多是沿用熊彼特的观点或在其基础上加以发展。比如，海尔集团总裁张瑞敏曾经总结说："创新总的来说包括三个方面：观念的创新、组织结构的创新和市场的创新。其中，观念的创新是先导和源泉，组织结构的创新是创新观念的保障，而市场创新则是最终目的和结果。"

稻盛和夫在创业的过程中，非常重视创新。他认为，发展企业必须"创造新的需要、新的市场、新的技术、新的产品"。他曾经说："新兴产业的出现和发展对整个国家的运作，社会经济的进步是非常重要的。说新兴产业的发展决定国家的命运，左右经济的发展，这并不为过。"稻盛和夫把创新看成一个企业领导者必备的素质，他说："(企业的)领导者必须经常保持创造性的心态，还要经常引导部下寻求新的东西，培养他们的创造性。因为不经常引入创造性的思维方式，这个集团就不可能有持续的进步和发展。如果领导者对目前的状况表示满足，整个集团就会不思进取，甚至退步。"

　　在担任美国电话电报公司总裁之前，约翰·沃尔特曾经当过美国邮政管理局的邮递员。

　　当已经50岁的沃尔特成为了美国电报电话公司的最高管理者之后，才发现自己是在一个巨大的、已上百年历史的通信王国中工作，这个王国在长期的垄断统治期间形成了一套同样死板的规定，沃尔特面前的难题是，设法推动这个年迈而迟缓的老人再一次焕发活力，以更快速度的发展来避免日落西山。

　　沃尔特的第一项战略性变革，是通过改组高级管理部门和重新调整公司结构来采取行动消除组织上的"隐身警察"(指为防止车速过快在住宅区道路建造的使路面突起的那部分)。公司原有的6层官僚机构缓慢的动作。不仅削弱了公司制订战略的能力，而且无形中增强了竞争对手的实力。他不仅已经简化了这个程序，而且还建立了一个新的雇员补给制度。

　　另一项重要的变革是，沃尔特制订了一项新的销售战略，这项销售战略把重点放在同客户建立持久的关系上，而不只是销售产品。他说："从以产品为中心走向把重点放在客户上是一个惊人的变化，而不是一个微不足道的变化。我们正在做的事情的每一方面都是关于客户的，这是我们的传统做法和我们的战略意图的一个彻底的改变。"

为此，沃尔特还采取了两项当时被视为大逆不道的变革措施：

一是把美国电话电报公司改组成两个主要部门：把重点放在它的1000万商业客户上的216亿美元的部门和为它的8000万消费者客户服务的247亿美元的部门。沃尔特说，这个新的组合将帮助美国电话电报公司使产品更快地到达市场。像因特网接通服务这样的独立部门已被并入这两个部门，39亿美元的无线通信部门仍保持着相对自治，但是正在更密切地同美国电话电报公司的其余部门合作。例如，它的零售商店将开展长途电话这样的销售服务。

二是削减用来聘请外面的顾问的预算。从外面聘请顾问1996年花去美国电话电报公司10亿美元。削减这笔预算将节省非常急需的现金并从公司决策工作中又取消了一个耗费时间的层次。

沃尔特看来毫不畏惧。在他到达美国电话电报公司三周之后，该公司开始有了新的生机：新市场以每年30%到40%的速度增长的。其中美国最大的无线电公司、沃尔特公司下属的无线电服务公司2002年的收入就增长18%。

沃尔特总结说："这里最主要的战略问题是灵活性和革新精神。"

美国电话电报公司总裁沃尔特努力打破公司长期形成的

死板规定，使公司设法以超过整个电信业的飞快地变革速度向前发展：通过改组高级管理部门、重新调整公司结构和简化决策程序来消除制约公司快速发展的内部障碍，建立新的雇员入股制度，让雇员拥有购股选择权；将销售战略重点由以往的销售产品转向同客户建立持久的关系；提供面向不同种类客户的综合服务；不以降价来讨好客户，而注重建立消费者对公司品牌的信任。这一切变革策略的实施，不仅使企业受益，更使沃尔特本人赢得了杰出管理大师的美誉。

在经济和科技飞速发展的信息时代，企业的外部环境是千变万化的。企业面对的不确定因素越多，就越需要创新。美国管理学之父彼得·杜拉克就曾经指出："一个不能创新的公司是注定要衰落和灭亡的。在这样一个时代中，一个不知道如何对创新进行管理的管理当局是无能的，不能胜任其工作。对创新进行管理将日益成为企业管理当局，特别是高层管理当局的一种挑战，并且成为它的能力的一种试金石。"

## 2. 工作中要敢于独辟蹊径

人类从远古时代进化到科技发展的今天，就是一个不断创新的过程。创新就是不与别人往同一条路上挤，而是另辟蹊径而行之，也许会达到殊途同归的目的，这样做事自己觉得也轻松，别人看了也精彩。

稻盛和夫将京瓷从资金微薄的小公司经营成为今天的世界500强企业，创新就是他用以开拓前进道路的斧子，所以，他认为企业要向前发展绝不能怠于创新。稻盛和夫一直坚持创新。公司创办初期，为使公司能够生存下去需要创新，如今，企业已经成为500强企业仍需要创新，就是这种不断创新、不断开拓的精神，才使得京瓷和KDDI株式会社不断地发展壮大。

不是哪个人天生就是成功者，只有在工作中，认真琢磨、精益求精才能不断进步、不断创新。

1997年，谭鱼头火锅店成立。它的第一家火锅店开业后，因为做工精细、味道鲜美，所以餐厅门庭若市，天天爆满，门口经常有几十个人排队等位置。

就在此时，一件意想不到的事引起了管理者谭长安的注意：由于每天用餐的人太多，客人经常要等很长时间。一天，有个客人等了两个小时还没有排到，他很生气，当时就叫来了谭鱼头的管理者谭长安。不管谭长安怎么解释，怎么表示抱歉，那个客人还是怒火中烧，气急之下，抬手就给谭长安一拳头。

然而，那一拳头不但没有让谭长安恼羞成怒，反而让他开始了深刻的反省。他想，为什么那个客人会那么愤怒呢？是因为等了太长时间，而导致客人等待时间长的主要原因是上菜速度慢。餐厅都是采用手工写菜单传菜，效率很低。

想到这，谭长安萌生了求变的念头。常言道，"变则通，通则久"，要提高效率，由餐饮业的小虾米转变为鲸鱼，首先必须提高效率。经过一番研究，谭长安在自己的各个连锁店开始建设IT系统。

IT系统的操作流程是：餐厅使用POS机点菜，后台厨房的打印机同步提交顾客点菜信息，库存管理员根据点菜系统中的物料消耗随时补货，财务系统根据点菜系统和结账系统的数据对每天的销售状况进行精确统计。

这样，从前台点菜到厨房准备，再到给顾客上菜的时间都可以用系统记录下来。哪些菜必须在几分钟内提交给顾客，谭长安根据难易程度提具体要求，如果执行不到位，服务员、店堂经理就要受罚。

谭鱼头第一次改变了中国式餐饮的粗放式管理，实现了精细化。谭长安说："从传统管理到数码管理的转变是因为企业需要，企业长大了，管理也必须随之变化。不是我们想要这么做，是市场要求我们这么做。"谭长安正是直面现实后，谋求变革并获得了成功。

近年来，谭鱼头餐饮公司快速发展，谭长安决定代表中国餐饮走向国际市场，而走出国门、走向世界的一个重要前提就是实现"数码火锅"的企业目标。谭鱼头选择了IBM作为自己的主要合作伙伴，充分吸收了IBM在国际餐饮领域的系统建设经验，希望在IBM的协助下，实现"数码火锅"的梦想。

在IT应用非常落后的传统餐饮行业里，谭鱼头不仅独树一帜地最先开始IT建设，而且选择了与IBM携手。通过与国际最知名的IT公司紧密结合，谭鱼头迅速成长为行业的管理者。

客观事物是在不断变化的，无论是对个人还是企业，因此观念也要随之改变，唯有变，才能获得发展机会。观念决定了行为方式，如果我们把行为方式变"墨守成规"为"解放思想"，这样一替代，将会发现很多创新的机会。而要想不断创新，就需要管理者时时发动观念的革命，消除过时的思维，吸收新颖的想法，以观念的变革来带动企业的变革。

# 3. 敢于走别人没有走过的路

稻盛和夫说过："'铺装平整的大道'是大家都想走的、都正在走的路。在那样的大路上跟着别人亦步亦趋没有趣味。若只知步别人的后尘，则绝不能开拓新的事业。"他是这样说的，也是这样做的。在他走过的几十年路程来看，凡是人们都熟悉的"走惯得路"他从未涉及过。

事实上就是这样，创新就在身边，成功仅离我们一步之遥，关键在于我们是否能够留心观察、留心发现，并能用我们的信心、勇气和恒心及时、迅速地付之于行动。我们要先有超人之想，后有惊人之举，能做到不落俗套，敢于走他人没有走过的路，就可不同凡响。

在泰国有个养鳄大王叫杨海泉，他出生于一个贫苦的华侨家庭。父亲杨水青早年前往泰国谋生，为人佣工，母亲做挑担小贩，育9子3女，杨海泉排行第四。由于家境困难，只断断续续上过一年小学，从10岁起就做童工，先后做过照相馆佣工，客栈的店小二、金铺的伙计，还做过小生意。

15岁那年，杨海泉在别人的帮助下，开了一家小小的杂货店，主要收购当地的土特产转卖给商人，但是没有多久，杂货店就关门了，这是他生意场上的第一次失利。他总结出一条经营之道，即：在激烈的竞争中必须独辟蹊径，大胆开创冷门生意，这样才能独占鳌头，立于不败之地。

可是，冷门在哪里呢？

一天，杨海泉遇到了一个以猎杀鳄鱼为生的旧相识，两人在一起谈起鳄鱼，谈出了兴趣。那人介绍道：鳄鱼的全身都是宝，捕杀鳄鱼的人发了大财，但是现在鳄鱼已越来越难捕了，就连小鳄鱼也在捕杀之列。

杨海泉灵机一动，立即想到：如果这样滥猎滥捕，即使是一座金山也会被挖空的，何况是动物呢？如果把鳄鱼的幼仔饲养起来，就像养羊养猪那样，长大了再杀，不就可以"无穷无尽"了吗？

然而畜养鳄鱼自古未闻，家人和亲友对此都不屑一顾，对他冷嘲热讽。

可是杨海泉毫不动摇，说干就干。他一面扮作猎鳄者，到鳄鱼产区去廉价收购幼鳄；一面很快就在自家的地里修筑了一个养鳄鱼的池子。小鳄鱼不值钱，杨海泉是一个十分勤劳的人，得到了那些猎鳄人的好感，很多人就无偿地把小鳄鱼送给了他。

小鳄鱼不断多起来，但是杨海泉很穷，连很少的鳄鱼饲养费都拿不出来。亲戚朋友看到杨海泉的这种"反常"举动，都纷纷前来劝阻。

他的母亲更是反对，以"养虎伤人，养鳄积恶"责怪他，说他是异想天开，想钱想疯了……

这也不足为奇，古今中外，哪个听说过饲养鳄鱼的事情。但是，杨海泉就是有一股"九头牛拉不回"的倔劲儿，一点儿也没有动摇。他认为，别人嫌弃的，不愿意干的，才有可能取得成功；别人没有走过的路，走起来才会更加宽广……

人工饲养鳄鱼是一件前无古人的事情，没有规律可循，没有老师可拜。事实证明，敢为人先的人就必须有胆量接受各种磨炼。

喂养鳄鱼比喂养一个初生婴儿还要困难。

刚刚开始的时候，由于缺乏饲养经验，有些小鳄鱼因此丧命。成年鳄鱼给人的感觉是十分凶悍的，但是小鳄鱼的生命却很脆弱，对气候反应很敏感，对小小的惊恐也会发生痉挛而生病，严重的还会残废或丧命。可是这一切并没有吓住杨海泉，他经过日夜认真观察，这个问题终于得以解决，成功地闯过第一关。

一波未平，一波又起，更大的问题在等着杨海泉。主要有两个方面：一是小鳄鱼喜欢吃鱼类或水中的小动物，有时还要吃肉，杨海泉很难拿出这么多钱去买饲料；二是随着鳄鱼的不断长大，原来的鳄鱼池已经不能容纳了，杨海泉缺乏必要的资金扩建。

沉重的经济负担使杨海泉喘不过气来。

眼看就要坚持不下去了，杨海泉只好含泪操刀宰杀部分基本达到出售规格的鳄鱼卖掉去换取资金。就这样一面饲养一面宰杀，经过3年的时间才基本解决了经济危机问题，慢慢地经济有了一定盈余。

为了提高鳄鱼的价值，杨海泉购买了自己的屠宰设备，钻研独有的宰杀技术。当时，泰国的鳄鱼产品都是由捕杀鳄鱼的人在捕捉的时候宰杀的，设备很简单，加工很粗糙，鱼皮的质量不高。杨海泉之所以这样做，就是希望生产出世界一流的产品。

杨海泉的这种举动是属于十拿九稳的，所以，很快他就生产出了高质量的鳄鱼皮产品。"海泉鳄鱼皮"很快就得到了消费者的青睐，售价比一般的鳄鱼皮产品高出了许多。

凭借着"海泉鳄鱼皮"的名牌优势，杨海泉很快就占领了先机，他很快就成立了一家"友商贸易行"，包揽了鳄鱼皮的生产出口业务，生意做到国外。杨海泉善于经营，讲求信用，名声越来越大，越来越好，生意当然就更加红火了，实力也更加雄厚了。

在成功者的字典中是找不到"满足"这两个字的，杨海泉也不例外。他认为，养鳄鱼这件事是没有尽头的，他完全可以把这项事业继续下去。

他想，如果只是为了改善自己的经济条件，这样已经完全是够了，但是如果真是只这样，那就太可悲了……

他下了决心，不仅要用这种动物来赚钱，还要挽救这种野生动物，不要使之灭绝。考虑过去，思索将来，只有进行人工繁殖，才能达到自己的目的。

他确定的方针是"采取留种、保种的方法，进行人工繁殖"。方针一经确定，杨海泉就马上付诸实施。对这个决定，他是极为得意的，很多年之后，他接受记者采访时还说："那个决定是我养鳄事业的真正开始，是我事业的重要组成部分，到现在我还感到很兴奋！"

杨海泉在他的出生地泰国曼谷南郊的渔港北榄开始了他的新的创业。这个地方位于湄南河的下游近海处，海水和河水在这里交汇，环境美丽，气候宜人，是饲养鳄鱼的最佳地点。他非常高兴地说："我生在这里，创业在这里，真是天时、地利、人和三者都占全了！"，他先买下一块地皮来修建养殖场，利用饲养鳄鱼来进行资本积累。经过10年的努力，他又购买了多达近百公顷的土地，开始了他更大的创业。此地有天然的水源，有天然的沼泽，所以给这个地方取了一个叫"北榄鳄湖"的名字。在很短的时间内，这个湖内就饲养了一千多条特选的优良种鳄鱼，收集了很多不是泰国出产的鳄鱼品种，多达十余类。

到了20世纪70年代初，杨海泉的"北榄鳄湖"已经是举世瞩目的最大规模的人工养鳄湖了，率先进入了专业化养鳄鱼的行业。

1971年3月，在美国的纽约召开了世界保护鳄鱼大会，有10个国家和地区的专家参加会议，杨海泉作为泰国的唯一代表出席了这次大会。他就像一个技术权威一样，在大会上慷慨陈词，向世界顶尖级专家讲授他的养鳄经验，还讲述了泰国近50年来养鳄的情况，引起了大家的浓厚兴趣。

他很自豪地宣布："在我的养鳄池里饲养着15000头大大小小的鳄鱼！"

在那年代，世界各地都有不少称得上猎鳄家的人，但是称得上养鳄专家的人，除了杨海泉，恐怕没有第二人了。他的成功经验引起了世界各地的注意，参观学习的人络绎不绝。有很多人千里迢迢而来，高高兴兴而去，杨海泉的名声大振。

1973年，国际保护鳄鱼大会在泰国曼谷举行，会场就是杨海泉的"北榄鳄湖"，这是对杨海泉的事业的高度评价，是宣传杨海泉先进经验的绝好机会。

就是他这样一个穷人的孩子，几乎没有上过什么正规的学堂，现在居然走进了世界最权威的鳄鱼专家的行列，创造了一个神奇的"鳄鱼王国"，成为了泰国的巨富。

泰国人对杨海泉的成就大加赞颂，有一本杂志这样写道："杨海泉的事业成就充分表现出了泰国人民的伟大创造精神！"

杨海泉的可贵之处就在于不会"满足"，他知道，要保持世界唯一最大的人工养鳄湖的美誉，还必须作出更大的努力，还必须不断前进……

不久，杨海泉作出了一个大胆的举动："北榄鳄湖"向游客开放！

把养鳄业与旅游观光结合起来，无疑是一个天才的创意，无疑是一步成功的好棋，这步棋下得神奇巧妙！

"北榄鳄湖"对外开放之后，参观者络绎不绝，很多国家的领导人也不断到来：印度总统基利、新加坡总理李光耀、中国国家主席李先念等先后参观"北榄鳄湖"，成为了轰动一时的新闻。

"北榄鳄湖"已经成为泰国的一个旅游胜地，每年参观的人次高达百万以上。在这个"鳄鱼王国"里，除了鳄鱼，还有老虎、大象；除了动物园，还有游乐园等。

在这里，最令人叹为观止的是人与鳄鱼"格斗"，大象跳舞表演……

大家知道，泰国是一个旅游的国度，每年都有数以百万计的人前往参观游览。但凡到了曼谷的人，很少有不去"北榄鳄湖"参观的。

参观的人给杨海泉送去了滚滚财源，再加上鳄鱼给他带来的取之不尽的黄金白银，所以杨海泉的确到了"名利双收"的地步。

现在我们来看看杨海泉的"伟业"：他拥有世界上面积最大的鳄鱼池，占地100公顷，饲养4万多条鳄鱼。在被人们称为"亿年活化石"的鳄鱼面临灭绝的时候，他拥有如此庞大的"财富"，足以让很多人羡慕不已。

他在回顾半个世纪的艰苦创业过程时感慨地说：

"野生鳄鱼正在面临灭种的危险，这是当今世界各个产鳄国家都普遍存在的现象。在泰国境内，原来有很多盛产鳄鱼的地区，现在那些地方的鳄鱼已经大量减少，而且已经面临灭绝。但是，人工饲养的鳄鱼却在不断发展，还在不断增加新的品种，这可以说是人类猎鳄生涯的延续，也是世界皮革工业的一个新兴项目……"

从杨海泉的话中不难发现他的成功的秘诀就是：走冷门，烧冷灶，大胆创意，大胆实行……

"创新者生，墨守者死。"社会是发展变化的，只有变化才能生存，也只有跟上时代的变化才能求得发展。要有变化就需创新。

# 4. 时刻保持创新精神

稻盛和夫先生说自己并没有预见到这种技术的变迁，只是因为不满足于现状，对任何事物都想钻研创新，敢于向新领域发起挑战，因此才造就了现今的京瓷。"不断从事创造性的工作"，这才是发展事业的最基本的手段。他说，在现在的工作中要不断地钻研创新，彻底地追求事物的可能性，就能取得卓越的发展。

美国麻省理工学院多媒体实验室主任尼葛洛庞蒂说："我们

在招人时，如果有人大学毕业时考试成绩全都是A，我们对他不感兴趣。如果有人在大学考试成绩中有很多A，但中间有两个D，我们才感兴趣。因为往往在大学里表现得很好的学生，与我们在一起工作时，表现得并不那么好。我们就是要找由于个性与众不同，在大学学习时并不是很用功的、不循规蹈矩地做事情的那些人占这些人往往很有创造性，对事物很警觉，反应非常机敏。人才更多的是指一种心态，是指与传统思维完全不一样的那种人。真正的人才不是看他学了多少知识，而是看他能不能承担风险，不循规蹈矩地做事情。"

尼葛洛庞蒂所说的这种人就是有创新思维的员工。他们是企业中最受欢迎的人，因为他们灵活的思维不但能给企业带来创新，还能够成功应对工作中的危机，甚至能够帮助企业转危为安。他们不用老板督促，就能够积极寻找对企业有利的创意，不断地思考为他们带来更多的灵感，从而能够帮助他们成功克服各种各样的危机。

一家位于比利时首都布鲁塞尔东郊的啤酒厂，从创立之初就一直销售不景气，只能勉强维持着生存。尽管一再减产，他们的啤酒仍然大批地堆在仓库里。竞争很激烈，周围有很多小型啤酒厂，国外也有很多知名品牌进来，如果啤酒仍然销售不出去，这家工厂就只有宣告破产了。

一位新来的啤酒推销员看到这种情况十分着急，于是他开始积极想办法。他认真考察了其他的啤酒厂，发现那些有实力的啤酒厂天天在报纸和电视上大做广告。但是这种办法对于他们自己的啤酒厂来说，显然是不现实的。他们根本没有多余的资金。

推销员开始认真思考解决销售问题的办法。白天他在大街小巷中奔走推销啤酒，晚上就自己构思销售策划方案。但是一个又一个的方案都被他自己否定了。一天，他来到了布鲁塞尔市中心的于连广场，看到了广场上那个撒尿的小英雄于连的铜像。他发现有很多人在铜像下边玩，还有人用水瓶接于连的铜像里流出来的自来水喝。他忽然想出了一个绝妙的主意，于是兴冲冲回到了啤酒厂向老板说出了自己的想法：用啤酒来代替自来水，从小英雄于连的铜像里"尿"出来。老板马上表示支持。于是，第二天，广场上的人们就喝到了从于连铜像里流出来的啤酒。广场上很快涌满了来品尝啤酒的人。电视台和报纸也争相报道。就这样，这家啤酒厂没有花一分钱的广告费，就一炮打响，成功树立起了自己的品牌。而那位年轻的啤酒推销员也成为比利时著名的销售专家。

勇于创新的员工是企业最看重的财富，任何一个企业，都会对这样的员工求贤若渴。如果你只是听命令做事，而不用大脑思考，自然无法成为这样的员工。只有那些不断提出新问题，并能够积极思考去解决问题的人，才能够得到领导的欣赏，并成就自己的人生。

培养卓越的创新能力，就要养成思考的习惯。不能因为工作忙碌就忽略了思考的价值。每个领导都希望自己的员工能够主动地从工作中发现问题，并提出积极的建议。而这就需要员工开动脑筋，进行独立的思考，而不是只会听从领导的命令行事。

　　凯恩初进宝洁公司时，是产品设计部的一名普通职员。

　　有一段时间，凯恩的牙龈老是一刷牙就出血，使他感到很不舒服。起初他想，可能是自己刷牙时动作太重了。于是，下次刷牙时他就尽可能地使动作放轻些，可还是出血。这使他感到恼火，他开始认真地找原因。

　　由于职业关系，凯恩猜想问题可能出在牙刷上。他首先想到可能是牙刷毛太硬了，毛柔软些就不会出血了，他便把牙刷放在开水中泡了一泡。可是，泡软牙刷毛后再来刷牙，牙龈还是出血。最后，他沉思良久，终于领悟：肯定是牙刷毛顶端太尖锐，刺破牙龈造成出血。

　　凯恩找来放大镜放在牙刷顶端一看，发现牙刷顶端是呈四角形的。他心想，如果能把牙刷顶端磨成圆球形，那就不会划破牙龈了。

　　凯恩兴奋地把他的设想告诉了公司，公司觉得这是一个极好的主意，马上予以采纳，后来生产的牙刷全部都改成顶端磨成球形的。这种牙刷在推向市场后，销路极畅，销量跃居全美国第一，每年的市场占有率都在30%～40%之间，畅销10多年后仍经久不衰。凯恩也因其巨大的贡献得到了提升，10多年后，他已经成了宝洁公司的副董事长。

　　我们的工作并不是尽善尽美，就算是一有着既定的方法和程

序，也还是有需要改进的地方。只要善于思考，就能够不断地提出问题，这是改进工作的动力源泉。日本著名的日立制作所的一位前部长说过：我们经常在商品开发或企业管理方面为发掘新问题而在不停地动脑筋，如果一种方法、商品或其他事物经过两年以后仍然保持原状，就可能有问题存在，因此必须加以研究。我想，这一说法对于我们的工作来说，同样适用。

一个不愿意思考的员工是不可能跟上时代发展的潮流的，更不要说给老板提出新的建议，促进企业发展了。为了能够更好地促进自己的创新能力，员工要养成凡事都想一想的习惯，不能满足于一知半解，也不能、仅仅满足于接受既有的结论。按照下面的思路，你就能够找到分析问题的方法，并从工作中发现问题：一是要想别人没有想过的，能够独辟蹊径。二是要敢于想，充分开拓自己的思路，敢于冒险。三是要执著，紧抓住问题的一个方面去思考。四是不能害怕失败。按照这些要点去进行思考活动，**你就能够豁然开朗**。

# 5. 别让思维定势困住了你

稻盛和夫先生曾说："改变思维方式，人生就会实现180度的大转变"，就是说，在面对困难时不自暴自弃，而是多动脑筋，多思考，多研究，发现自己的不足之处。大象能用鼻子轻松地将一吨重的货物抬起来，但我们在看马戏团表演时发现，这么巨大的动物，却安静地被拴在一个小木桩上。因为它们自幼开始，就被沉重的铁链拴在固定的铁桩上，当时不管它用多大的力气去拉，这铁桩对幼象而言是太沉重的东西。后来，幼象长大了，力气也增加了，但只要身边有桩，它总是不敢妄动。

这就是定势思维。长大后的象其实可以轻易将铁链拉断，但因幼时的经验一直存留至长大，它习惯地认为(错觉)铁链"绝对拉不断"，所以不再去拉扯。

思维是人类最为本质的特征，是人类一切活动的源头，也是创新的源头。有了创新思维人类才没有越走越退步。一个人的思维能力总处在发展、变化的趋势中，但也会存在一种相对稳定的状态，这种状态是由一系列的思维定势所构成。

人们不能发挥创造力的原因多种多样，有的是因为心中存在某种局限性观念，有的是存在某种思维障碍，所以要发挥自己的创造力和创新思维必须突破许多障碍。

生活中，我们常把一些习惯做法奉为金科玉律，一点也不敢有所违背，结果我们也就掉进了"习惯"的陷阱里，明明可以做好的事情，却碍于习惯不敢想也想不到要去做，就像故事中的那些船员一样，守着甘甜的泉水，却渴死了，这是一件多么可悲的事。其实任何事都不是一成不变的，别用你的习惯认知去解决问题，试着用变通的眼光去把握一切，这样做会使你发现很多隐藏的机会。

出身贫寒家庭的吉列，十几岁便开始当推销员。虽然工作尚算顺利，但是吉列却不想一辈子只当个推销员，他经常对自己说："有一天，我一定要开创一番不平凡的事业！"

在一次与顾客闲聊时，曙光出现了，那位顾客无意间对吉列说："嗯，如果能够发明一种用过就扔的小商品，那不就可以让顾客们不断来购买你的商品吗？""用过就扔？不断购买？"这句话立即激发了吉列的灵感。从那天起，吉列天天思索着："什么样的东西必须用过就扔掉呢？"

有一天早上，吉列正在一家旅馆的房间里刮胡子，当他拿起刮胡刀时，却发现刀口不够锋利。正值出差的他当然不可能随身携带笨重的磨刀石，于是他只好信手取过一块牛皮，轻轻地在上面来回磨，问题是刀口仍然不见锋利，无奈之下，他只好凑合着用。然而，不锋利的刀子可把吉列给整惨了，胡子不仅无法清除干净，更把他刮疼得哇哇叫，好不容易刮完了胡子，却见脸上留下了好几道伤痕。他感到非常生气，忿忿不平地想着："难道世界上就没有比这个更好用的刮胡刀吗？怎么没有人发明一些不必磨就锋利无比的刀子呢？"就在这时，他突然眼睛一亮："咦！这不正是'用完即扔'的最佳商品吗？"

一回到家，吉列便辞去工作，潜心研究薄刀片等刮胡用具，最后更设计出一款像耙子似的"T"形简易刮胡刀。就这样，安全又方便的吉列刮胡刀终于诞生了，到现在仍是许多男人必备的刮胡用具。

生活中有些问题不能解决，不是因为问题太过复杂，而是因为许多时候我们会受到思维惯性的束缚，只要我们换个角度想问题，问题就很容易解决。

研究发现，人们发现问题、研究问题、解决问题往往都是凭借原有的思维活动的路径(即思维定势）进行思维的。人们认识未知、解决未知，都是以已知或已知的组合、变换为阶梯。那么，如何才能提高思维能力呢？这就需要我们敢于打破常规，敢于突破思维定势。

常规有很多的好处，会使人在思考同类或相似问题的时候，能省去许多摸索和试验的过程，能不走或少走弯路，这样就既可以缩短思考的时间，减少精力的耗费，又可以提高思考的质量和成功率，还能使人在思考的过程中感到驾轻就熟、轻松愉快。但是，常规却使人们在遇到有些问题时百思不得其解。

日本一家公司的科技人员为了满足市场需要，开始设计一种新的小型自动聚焦相机。

所谓自动聚焦就相机要根据拍摄的对象，自动测量距离，然后镜头做相应的调整，自动定焦距。设计这种相机有几个必须达到的基本要求：小巧轻便，容易操作，而且要成本低廉。

按照当时的技术水平和条件，在相机里装进电动机以后，体积就小不了，重量就轻不了，成本就很难降下来。如果要为它再去特别设计一种专用的超小型电动机，时间又很难保证。

设计人员为此大伤脑筋，想了很多办法都行不通，设计工作长时间裹足不前。后来一个不是学电机专业的技术人员想到：自动聚焦需要的动力很小，而且距离很短，不用电动机，用弹簧行不行呢？这个突破了"必须用电动机驱动"这"一定之规"的新设想提出以后，设计人员们沿着新的思路不断进行探索和试验，没过多久，就相继设计出了一种又一种小型和超小型的自动聚焦相机。对这种给人们带来了很大方便，连傻瓜也能使用的"傻瓜相机"，科技界给予了很高的评价，认为它代表了产品开发的一个新的重要方面——傻瓜化，即"功能简单化""易操作化"，同时也是"高智能化""高科技化"。

所以说，社会进步需要创新，企业发展需要创新，个人发展需要创新。尤其是对于企业来说，只有所有员工不断突破思维定势、超越自我，企业才会获得迅猛发展。

著名企业英特尔公司在招进员工后，非常注重鼓励员工不断挑战。当然，盲目迎接挑战只会带来失败，不可能带来创新，这不是英特尔所希望的。

英特尔所推崇的创新是在接受挑战之前能够掌握情报，并进行充分评估，尽可能地了解到种种变通之道与替代方案，以增加对失败的控制力，这被称为"可预期的风险"。除了迎接挑战，对错误的包容也同样重要。在英特尔公司，面对"不可预期的风险"而失败是能够接受的。

在英特尔公司，每一位员工都有机会贯彻自己的想法。英特尔是一个很平等的公司，在这里不会有很多层的经理，每一个员工都可以在自己的级别上做出决定，不用什么事都去请示。诸如"你很有头脑，却在上司那里受挫"这样的情况在英特尔是不会发生的。也许有时员工不确定，拿计划去跟经理谈，但是，通常经理会鼓励员工去尝试，而不是泼冷水。正是在这样的文化氛围中，英特尔公司的员工才不会害怕失败，才积极主动地进行创新。

同样，西门了公司的每一位成员也都具有普遍的创新意识，正是这种意识引领西门子不断开发新的产品和解决方案。这种意识的形成是以五项重要的个人素质为基础的，正是这些素质使西门子与众不同。

微软中国研究院的访问研究员、加拿大UWO(西安大略大学)教授凌晓峰博士认为，世界知名的大公司都很重视员工的创造力，因为要使自己的技术、产品、服务领先，就要做到与众不同。对于研发人员来说，创新能力尤其重要。思路奇特，善于创新，从不满足现有成绩，产生新的创意并将其成功实现的能力，是好员工必须具有的。

# 6. 成功 = 大胆构思 + 小心执行

稻盛和夫在《成功的两大要素》一文中指出：大胆思考，小心准备，这是成功必须具备的两个不可或缺的要素。成大业的人都是创新的高手，他们不爱跟随在别人的屁股后边走，而是勇于探索，大胆创新，另辟蹊径走出自己的路，因而他们的成功往往令人叫绝，自己也很快在庸人之堆里很快脱颖而出。

　　克劳斯是天生的做生意者，他说："我从小就讨厌从事一个普通的职业，因此一直没有工作。而我说过，其实我能做任何工作——甚至做冰淇淋。"于是，这位宾夕法尼亚大学的学生入学后在宿舍里做起了冰淇淋。不久，同校的两个伙伴科恩和希尔顿也加入了。于是，克劳斯卖掉大部分债券自己投资，并拿出他高中时挨家挨户上门推销净水器时挣的6万美元，和他们合伙开了这家公司。经过市场调查，克劳斯发现，冰淇淋的口味已经20年没有变化，他敏锐地觉察到，这是为他们创业提供了一个很好的空间。

　　他采纳了啤酒商萨缪尔·亚当斯的建议，使用啤酒酿造技术制作口味奇特的冰淇淋，他与当地的乳酪厂联系，由他们提供特制的奶酪。

　　由于口味的创新，使这家小型的冰淇淋公司很快吸引到了风险投资。结果新产品一上市就供不应求。它的风味很快就成为一种饮食时尚，风行欧美及世界各地。

　　克劳斯的美国杰里米冰淇淋公司生产的口味独特的超级冰淇淋1999年销售额达500万美元。

　　克劳斯谈到自己的成功时说："事业成功的最大秘诀就是创新。我们年轻人应该是一个行业中的创新者，而不是一成不变的制造者。因为年轻的本质特征就是新异和充满朝气。"

一个人创业能否成功，他的公司能否在市场上站稳脚跟，关键就看他是否具备创造力。目前企业的首要创造力就表现在产品的创新方面，产品创新主要包括产品开发、产品的更新速度及产品的质量和水平。

积极开发新产品，是保证公司取得竞争优势，使公司立于不败之地的基础。市场是公司生存的客观条件，公司要生存和发展，就要不断扩大和开辟新的市场，要做到这一点，离开了产品开发是根本办不到的。公司只有不断开发新产品，做到"人无我有，人有我优，人优我廉，人廉我转"，才能在市场竞争中处于主动地位。

日本的小型汽车、电视机、录像机能在较短的时间内称雄世界，就在于它们不断推出新型、质优、价廉的新品种。就日本小汽车而言，在20世纪60年代末，其产量、销量均排在几乎所有西方发达国家之后，到1978年竟跃居世界第一，即产量第一，销量第一，生产率第一。原因是它们采用了先进的管理方法，不断改进设计，制造出质优价廉的新型汽车。由此可见，有时创新就是创造社会价值和经济效益。

一个公司乃至一个行业的生存与发展，兴盛与衰落，与其是否能适时地开发出满足社会需求的新产品密切相关。特别是科学技术和现代传媒的发展，加速了新产品的开发过程。一些高科技产品的更新换代已经不是以年为计算单位，而是以日来计算。如钟表王国瑞士平均每20天就向市场推出一个新品种。德国奔驰轿车的发动机与20年前相比，重量减少了48公斤，最高功率却提高了25马力，成为当今世界汽车工业的骄子。大名鼎鼎的美国王安

公司，之所以短时间内就从"电脑帝国"的宝座上跌落下来，其主要原因是不注重新产品的开发。

创新是生存的血液，不创新就会贫血。一个不断创新的企业是打不败的，一个不断创新的人永远是一个胜利者。

# 7. 要有否定"常识"的勇气

京都大学教授田中美智太郎说："创新和发现的过程是属于'哲学'领域的。只有在概念能有合理的证明时，才能成为科学。"他认为，在常识和真理之间有一道鸿沟。创新和发明就是弥补这道鸿沟的最好办法。但是，固守常识就不能有所创新和发明。

在传统或常识面前，试图去打破它而道出真理的人，会被称为"异类"。而往往只有这些"异类"才能打破世俗的认知，开创新理论、新产品。

稻盛和夫是一个开明的企业家，他常说，要想形成真正的创造力，就要有否定"常识"的勇气。墨守成规的心态是不可取的，会使人的思维陷入僵化，使人的思想失去自由。而不管我们想在企业、科学或是艺术等哪个领域中求得创新，没有自由、反传统的精神，都无法获得真正的成功。

稻盛和夫用伽利略支持哥白尼的"日心学说"这个例子来说明这种否定常识的勇气之可贵。

伽利略支持哥白尼的"日心说"。这个思想是对当时神教及人们坚持"地心说"的巨大挑战与背叛，因此伽利略受到了残酷的迫害。但是在迫害面前，他不改初衷依然坚持"日心说"的正确性。300多年后"日心说"终于被证实是正确的。

创新往往来自于对常识的质疑，而做出创新之举首先需要具备敢于否定"常识"的勇气。

能够拥有否定常识的勇气是非常重要的。当一个人有悖于"常识"而行事时，往往会遭到众人的反对，会孤独无助，甚至会遭到迫害。因此很多人会迫于恐惧而不敢挑战常识。否定常识，需要极大的勇气与魄力。

蒙牛集团的创始人牛根生是个传奇人物。1999年，他创建了蒙牛集团，但随后其发展速度让人瞠目结舌，截至2005年，蒙牛6年内生产总值竟然增长了292倍！牛根生在获得央视"中国经济年度人物"时，评委饶有风趣地说："他是一头'牛'，却跑出了火箭的速度！"那么"牛"是怎么跑出火箭的速度的呢？这要归功于牛根生独特的思维模式，那就是典型的创新思维。

牛根生创建蒙牛集团之初，他运用逆向思维，提出了"先建市场，后建工厂"的理论，以及虚拟联合的合作模式。

1999年，蒙牛公司注册5个月后，牛根生筹集到1000多万元资金。牛根生将用这笔钱如何创业呢？按照一般企业的发展思路，首先建厂房，进设备，生产产品，然后打广告，做促销，产品有了知名度，才能有市场。牛根生一算，如果这么去做，这笔钱恐怕连建厂房、进设备都不够。等产品出来了，黄花菜都凉了，哪里还有钱去开发市场？于是，他提出逆向经营的思路。

牛根生认为要打破一般企业的常规成长之路，他提出"先建市场，再建工厂"的理念。牛根生的计划是把有限的资金用于市场推广，然后把全国的工厂变成自己的加工车间。他发现有很多乳品企业不景气，这些企业并不缺乏厂房和生产设备，缺少的是先进的市场开拓经验和规范的管理理念，而这些正是牛根生等人的优势。与他一起创业的8位干部，都在伊利从事了10多年乳品生产经营工作，非常熟悉乳品市场的脉络，精通企业的管理。

有了理念，牛根生和他的团队就开始实施计划了。牛根生先用300多万元在呼和浩特进行广告宣传，因为呼和浩特城市不太大，300多万元足以造成铺天盖地的广告效应。几乎在一夜间，许多人都知道了"蒙牛"。

牛根生将他的理念实施后，产生了一种全新的合作模式，他把这种模式称为"虚拟联合"。这种运作方式的特点是只与对方合作，对其设备及人员进行使用和支配，但不做资产的转移。企业所有的设备等仍归企业所有，牛根生只是利用这些资源，用自己的管理、自己的品牌。使双方互惠互利。例如，与中国营养学会联合开发了一系列新产品，然后与国内的乳品厂合作，以投入品牌、技术、配方，采用托管、承包、租赁、委托生产等形式，将所有产品都打出"蒙牛"的品牌。这样，既投资少，又见效快，还创出自己的品牌。

蒙牛的创业资本仅仅1000万元，要知道牛奶业是传统行业，对资源和资本的依赖性比较强，如果按照常规思路，蒙牛想要发展将困难重重。但牛根生运用高超的经营经验和企业运作方式，运作了将近8亿元资本，他靠的就是独特的思维方式。"先建市场，后建工厂"是牛根生充分运用逆向思维的成果。先创品牌，先营造自己的市场环境，再投入生产，这是充满智慧和经验的思维模式。牛根生通过虚拟联合，使各个合作者能够优势互补，实现共赢，从而以有限的资源投入，获得了最大化的资源组织能力。

稻盛和夫认为，坚持对于创新也是很重要的。因为否定"常识"会遭到很多人的批判和质疑。所以即使势单力薄，也要坚持到底的意念不可或缺，创新成功往往是因为不改初衷的坚持。在开始进行某项新计划的时候，稻盛和夫觉得最重要的是坚持自己所选的路。他也曾陷入难以预测的困境，但是他没有妥协。稻盛和夫认为这种行为代表着一种反叛的、追求自由的精神。喜欢反叛的人可能会抗拒父母、社会和权威，依照自己的方式做事，但是，稻盛和夫说："在开始进行新计划的时候，我们认为最重要的是坚持自己所选择的路。完全依靠自己，才能有创造力。人们把所有的障碍都排除后，就可以按照自己的信仰前行。没有那种自由，创造力是不可能诞生的。"

稻盛和夫认为，一个企业家千万不可有先入为主的观念。因为只有思想完全得到自由，才能将自身的创造力发挥出来。

有一个著名的传说——戈尔迪之结。

戈尔迪之结据说由希腊神话中佛利基亚国王戈尔迪所打，如果谁能解开，谁就成为亚细亚之王。马其顿国王亚历山大率领军队到达戈尔迪乌姆的时候听到了这个传说，并产生了浓厚的兴趣。于是，他让士兵带他来到了戈尔迪之结前，试图解开这个结。他研究了一会儿，发现总是无法找到绳子的两端，因此陷入了困境。最后，他突然想到，解开这个结的规则该由自己来制订啊，随后他拔出长剑把这个结一劈两半——结解开了，这个城也便属于他了。

亚历山大抛弃了原有的观念，没有先入为主地被传统思想束缚住。这种发散思维表现为外部行为时，就代表了个人的创造能力。

在一个成功企业家的字典里，总会有很多值得学习与借鉴的经营理念与策。其中有一条几乎是这些成功者的共识，那就是敢于冒风险，用逆于常识的勇气走出一条创新之路，往往在这种风险背后隐藏的就是巨大的利润。所以，真正的企业家，需要有否定常识的勇气，用创意开拓企业发展的前进之路。

# 第五章
# 将完美主义贯彻到底

要完成一个产品，99％的努力是不够的。一点差错，一点疏忽，一点马虎都不能允许。任何时候都要求100％的"完美主义"。

——稻盛和夫

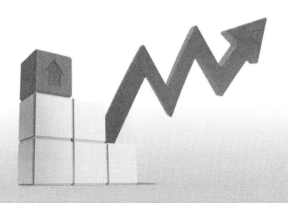

# 1. 做完美执行的典范

稻盛和夫认为："完美主义"不是"更好"，而是"至高无上"。这就是他在工作中不断执行和追求的目标。

完美地执行是不需要任何借口的。拥有完美的执行力是每个优秀员工必须具备的能力。

每一个人都想成为领导，而且你的学历也不比别人差，社会上确实许多机会能够让你成为领导。但是，领导不是任何人都能做得好的。有一位领导曾说，资历很好的人实在很多，但都缺乏一个非常重要的成功因素，这就是执行能力。

如何提高自己的执行力，不妨从现在开始，向优秀的员工学习，学习如何把你的命令执行下去，如何执行得更完美。

每一个工作——不论是经营事业、高级推销工作或科学、军事、政府机关工作，都要脚踏实地、懂得服从的人来执行。领导在聘用重要职位的人才时，都会先考虑下面这些，然后才决定是否聘用。这些问题有："他懂得服从吗？""他会不会坚持到底把事情做完？""他能不能独当一面，自己设法解决困难？""他是不是有始无终、光说不做的那一种人？"

这些问题都有一个共同的目的，就是设法了解那个人是不是

"说做就做"。

再好的新构想也会有缺陷，即使是很普通的计划，如果确实执行并且继续发展，都比半途而废的好计划要好；因为前者会贯彻始终，后者则前功尽弃。

如果仅仅凭借想象而不去做的话，根本就做不成任何事。想想看，世界上每一件东西，从人造卫星到摩天大楼以至婴儿食品，哪个不是把想法付诸实施所得的结果？

当我们研究"人"(包括成功人士、平庸之辈)时，会发现他们分别属于两种类型。成功的人都很生动，我们叫他"积极主动的人"；那些庸庸碌碌的普通人都很被动，我们叫他"被动的人"。

仔细研究这两种人的行为，可以找出一个普遍原理：积极主动的人都是不断做事的人。他真的去做，直到完成为止。被动的人都是不做事的人，他会找借口拖延，直到最后他证明这件事"不应该做""没有能力去做"或"已经来不及了"为止。

我们一定要学会服从，学会向别人学习，学习他们那种执行精神，不断去完善自己的执行能力。服从是执行力的表现，无论做什么事情，都要记住自己的责任，无论在什么样的工作岗位上，都要对自己的工作负责。

不论是一支部队，一个团队，还是一名战士或员工，要完成上级交给的任务就必须具有强有力的执行力。接受了任务就意味着做出了承诺，而完成不了自己的承诺是不应该找任何借口的。这是一种很重要的思想，体现了一个人对自己的职责和使命的态度。思想影响态度，态度影响行动，一个绝对服从的员工，也肯定是一个执行力很强的员工。

在职场中，一名好的员工在接到领导的指令后，会努力将任务完成，而不会有任何疑虑。

在一次众多企业老总举办的管理沙龙上，主持人做了这么一个测验，要求参与人员在20分钟内，将一份紧急材料送给《羊城晚报》社社长，并请他在回条上签字。主持人特别申明：不得拆看信中材料。

在这次测验中，有一名会员大胆地打开了资料袋，发现是个空信封，然后提出了若干批评意见。主持人问各位受邀嘉宾："作为一名执行者，你认为他这样做，对吗？"

在场的老总回答的内容虽然五花八门，但几乎所有的人都回答："打开信封是不对的，绝对不能看。"

在企业里，领导必须坚决的下达命令。一名执行人员可以在执行任务之前尽量了解事实的背景，但一旦接受任务后就必须坚决地执行。领导层的命令，有的可以与执行者沟通，讲清理由；有的不行，有一定的机密性，有时就需要做而不需要知道。

对于执行，我们需要激情，如果一接到任务就想着怎么样去完成它，而不去考虑这个任务的可行性，这就是很多领导要找的员工。如果首先是充满疑虑，不管疑虑大小，团体的目标都是无法实在实现目标的过程中，不管领导决策对不对，执行首先是第一位。第二，要问清楚要你做事，可以提供的支持是什么？第三是不管做成怎么样，必须把结果反馈回来。这点很重要，因为一个领导层，他的决策对不对，是经过实践来检验的。所以不管完不完得成，你也得行动。

为了适应市场的发展，1999年宝洁公司把中国的销售渠道做了巨大的调整：取消销售部，代之以客户生意发展部(CBD)，打破四个大区的运作组织结构，改为按照渠道建立的销售组织。宝洁公司提出了全新的分销覆盖服务的概念，全国的分销商数目由原来的300多个减少到100多个。

然而，并不是所有的分销商都接受渠道新政，分销商拒绝去异地开办分公司，在当地的销售也不那么积极了，宝洁产品在很多市场局部地区出现空白，分销商的铺货、陈列等工作也变得马马虎虎起来，宝洁的渠道新政在执行时已经严重变形，无法将产品在规定区域内有效地分销，有效地渗透到应该到达的受众和终端。

分销商对渠道政策理解和执行的不到位、不配合，使渠道运作偏离了原来设定的轨迹，宝洁公司当年应收账款迅速上升，但死账近亿元；生意也迅速下降。

其实，这种渠道政策变形的现象非常普遍，如总部制订的政策区域执行、中间商不配合厂家的政策、零售商不配合厂家的政策等，所引起的渠道管理问题也比比皆是：总部与区域之间的矛盾，决策层与执行层之间的矛盾，渠道管理人员与一线业务人员之间的矛盾。

甚至连中国最优秀的企业联想集团，也经常面临执行力的难题。联想在1999年实施ERP改造时，业务部门不积极执行，使流程设计的优化根本无法深入。最后柳传志不得不施以铁腕手段，才让ERP计划得以执行到位。

戴尔曾把他的快速制订的直销模式写成书，广为传播，不少企业争相模仿，但是没有一家企业能够超过戴尔集团，原因只有一个，他们缺乏对这一模式的执行力！

领导之所以成功，不是因为他们有多少新奇的想法，而是因为他们自觉不自觉地进行着一项最有效的活动——执行。无论什么工作，都需要这种懂得服从，拥有完美执行力的人。对我们而言，要想自己有所作为，就要记住自己的责任，无论在什么样的工作岗位上，都要对自己的工作负责。不要用任何借口来为自己开脱或搪塞，完美的执行是不需要任何借口的。

# 2. 关注和掌控每一个细节

老子曾说："天下难事，必做于易；天下大事，必做于细。"很多事情看起来庞大复杂、无法解决，但只要我们稍加留心、勤于思考，我们就会发现，问题就出在细节上面。一个重视细节的人必定是个高度负责、留心生活的年轻人，也是个精益求精、追求卓越的人。一个重视细节的年轻人必定能够在工作中交出令人满意的答卷，为领导所赏识。

一个人要建功立业，需要从一件件平平常常、实实在在的小事做起，正所谓"千里之行，始于足下"。那种视善小而不为，认为做小善之事属"表面化"与"低层次"的眼高手低的人，那种长明灯前懒伸手、老弱病残不愿帮的"不拘小节"的人，要成就大业也难矣。正如稻盛和夫所说："工作要想做到'完美无缺'，就必须注重细节。"

于细处可见不凡，于瞬间可见永恒，于滴水可见太阳，于小草可见春天。说的都是一些"举手之劳"的事情，但不一定人人都愿"举手"，或者有人偶尔为之却不能持之以恒。可见，"举手之劳"中足以折射出人的崇高与卑微。

　　某公司聘用临时职员，工作任务是为这家公司采购物品。招聘者经一番测试后，留下了一位年轻人和另外两名优胜者。面试的最后一道题目是：假定公司派你到某工厂采购2000支铅笔，你需要从公司里带去多少钱？

一名应聘者的答案是120美元。主持人问他是怎么计算的？他说，采购2000支铅笔可能要100美元，其他杂用就算20美元吧。主持人未置可否。

第二名应聘者的答案是110美元。对此，他解释道：2000支铅笔要100美元左右，另外，杂用可能需要10美元左右。主持人同样没有表态。

最后轮到这位年轻人。他的答案写的是113.86美元。他说："铅笔每支5美分，2000支铅笔是100美元。从公司到这个工厂，乘汽车来回票价4.8美元；午餐费2美元，从工厂到汽车站约0.8公里，请搬运工人需用1.5美元，还有……因此，总费用为113.86美元。"

主持人听完，露出了会心的微笑。自然，这名年轻人被录用了。他便是后来大名鼎鼎的卡耐基。

卡耐基之所以被录用，是因为他的答案具体而且考虑非常周到，说明他办事仔细认真，说明他态度严谨而不是马虎。是的，人生路上，虽然谁也无法准确预测我们最终的成功几率是多少，但是，我们却要尽可能地确定自己所追求的成功的具体目标，因为，我们是在计划自己的命运，越是具体，就越是向成功靠近了一步。

人生的职业生涯里，每个人都须具备认真严谨的工作精神，发现和处理好好职场中的每一个细节。虽然谁也无法准确预测我们最终的成功几率是多少，但是，我们却要尽可能地留意工作中的细节，把每一个细节进行量化，然后做到最好，这样才能更好地避免职业危机。

一个人在工作中养成了注重细节的习惯，有时候，偶然的一个细节，还会给你带来意外的收获。

从米店小老板到亿万富翁，这是多大的跨越？这就是亿万富翁王永庆一生的跨越。王永庆和李嘉诚一样，是典型的东方商人，他们的经商智慧，就是善用细节。王永庆的细节思维值得我们每个人借鉴和学习。

王永庆早年因家贫读不起书，只好去做买卖。1932年，16岁的王永庆到嘉义开了一家米店。当时，嘉义已有米店近30家，竞争异常激烈。当时仅有200元资金的王永庆，只能在一条偏僻的巷子里租一个小铺面。他的米店开办最晚、规模最小，没有任何优势，新开张时，生意冷清。

当时，王永庆的米店因规模小、资金少，没法做大宗买卖，也没办法搞零售。那些地段好的老字号米店在经营批发的同时，也兼做零售，没有人愿意到地处偏僻的米店买货。即使王永庆曾背着米挨家挨户去推销，效果也不太好：

王永庆觉得要想米店在市场上立足，就必须转变思路，必须有一些别人没做到或做不到的优势才行。很快，王永庆从提高米的质量和服务上找到了切入点。当时的中国台湾，农业技术落后，稻谷收割后都铺放在马路上晒干，然后脱粒，这就使一些杂物掺杂在米里。用户在做米饭前，都要淘米，用起来很不便，但买卖双方对此都习以为常。

王永庆却从这一司空见惯的现象中发现了商机。他带领两个弟弟一齐动手，一点一点地将夹杂在米里的秕糠、沙石之类的杂物拣出来，然后再出售。这样，王永庆米店卖的米的质量就要高一个档次，因而深受顾客好评。有了信誉，米店的生意也日渐红火起来。同时，王永庆也进一步改善服务。当时，用户都是自己买米，自己运送，这对于一些上年纪的老人，是件很麻烦的事。王永庆注意到这一点，于是超出常规，主动送货上门。这一方便顾客的服务措施，很快为他赢得了市场。

每次给新顾客送米，王永庆都细心记下这户人家米缸的容量，并且问明这家有多少人吃饭，有多少大人、多少小孩，每人饭量如何，据此估计该户人家下次买米的大概时间，记在本子上。到时候，不等顾客上门，他就主动将相应数量的米送到客户家里。

在送米的过程中，王永庆还了解到，当地居民大多数都以打工为生，生活并不富裕，许多家庭还未到发薪日，就已囊中羞涩。由于王永庆主动送货上门，要货到收款，有时碰上顾客手头紧，一时拿不出钱，会弄得大家很尴尬。为解决这一问题，王永庆采取按时送米，不即时收钱，而是约定到发薪之日再上门收钱的办法，极大地方便了顾客。

王永庆正是通过运用细节思维，把握好工作中的每一个细节，逐渐发展壮大，最终建立了台塑集团这一企业帝国，王永庆也由此成为一代商业领袖。

要知道，工作其实是由一些小得不能再小的事情构成的，一个不肯在细节上下功夫的人，是做不出太高的业绩的。要想不落

入职场危机，只有在工作中的每一个细节上下功夫，才能更多地发现机会，平步青云。


# 3.　"最佳"是不够的，"完美"才是目标

世界上有很多事情都讲究因果相继，你将工作做得完美无可挑剔，不给工作留遗憾，你才能远离职业危机，走向成功之路。

稻盛和夫认为：能做成事业的人，都是掌握了"完美主义"，并将它贯彻始终的人。这不只是限于制造业，所有的行业、所有的职位都适用这一条规则。

注重细节的完美，就是要工作认真，一丝不苟。注重细节的完美就是每一位职工，都必须摆正自己的位置，注重每一个细节，用细节的态度和眼光，去发现和消除每一个细小的隐患，并养成一种良好的习惯；注重细节的完美就是每一位职工，都必须清楚明白自己所应负有的职责，我们时时刻刻都要回头望一下，检讨一下，我们该如何做，我们做得如何？我们是否遗漏了某一个细节？


当宝洁公司刚开始推出汰渍洗衣粉时，市场占有率和销售额以惊人的速度向上飘升，但是，过了不久，这种强劲的增长势头就逐渐放缓了。宝洁公司的销售人员特别纳闷，虽

然进行过大量的市场调查，但一直都找不到销量停滞不前的原因。

于是，宝洁公司召开了一次产品座谈会。会上，有一位员工说出了汰渍洗衣粉销量下滑的关键："汰渍洗衣粉的用量太大。"

宝洁公司的领导们急忙追问其中的缘由，这位员工说："看看我们的广告，倒洗衣粉要倒那么长时间，衣服是洗得干净，但要用那么多洗衣粉，算起来很不划算。"

听到这番话，销售经理立即把广告经理找来，算了一下展示产品部分中倒洗衣粉的时间，一共3秒钟；而其他品牌的洗衣粉广告中倒洗衣粉的时间仅仅1.5秒。

就是在广告上这么细小的一点疏忽，对汰渍洗衣粉的销售和品牌形象造成了严重的伤害，大大影响到宝洁公司的利益。

许多员工做事不精益求精，只求差不多。尽管从表面看来，他们也很努力、很敬业，但结果总无法令人满意。其中重要的一点就是没有把细节做到极致做到完美。

所以，工作细心，尽善尽美，在工作中显得尤为重要。无论做什么事，都力求至善至美的结果，这样不仅能提高工作效率和工作质量，而且能够树立起一种高尚的人格。

试想，如果在我们年轻时候在职场上将自己的每份工作都做到了最好，并持有着一种追求完美的态度来认真工作，那么，你还会陷入职业危机么？人生中的诸多遗憾之事还会发生吗？所以，你只有将工作做到完美、不给工作留遗憾，你才能做到真正的今生无悔！

在每天工作告一段落的时候，抽出几分钟问自己几个这样的问题吧：

（1）我今天的工作，是不是比昨天进步了？

（2）我制订的目标是不是已经达到了？

（3）目前业已完成的工作能否做得更好呢？

没有什么事情可以一蹴而就，想要事事完美，就需要把目标分解开，并让它在每一天都能得到检验。时间久了，追求完美自然会成为你工作的一种习惯，并促使你更快地提升业绩，帮你更好地实现一个个人生目标。

或许，有人会产生疑问，"完美工作的标准又是什么呢？"的确，对于很多工作，我们可以通过量化、精细化等标准去衡量。但对于一些我们无法用标准去衡量的工作，又如何掌握好这个"完美"的尺度呢？

对此，我们要说：完美在你的心中。在你每时每刻的一举一动中！

某年轻的裁缝，每次西服挂完里子要封口时，他总要费力地把衣服从那个开口处翻出，然后拿着一把小剪刀，仔仔细细地剪上面的线头。有人问："那些线头何必剪呢？把封口封住，一直到穿旧也没人看得到啊？"他却淡淡一笑："别人看不到，我看得到啊，要是不剪我心里会不舒服的。"

是的，一个线头剪与不剪，都不会成为他人注目的焦点，也无关大雅。但对于一个内心时刻充满着"完美工作"热情的人来说，这却是必然要做的一项重要工作。因为在他的心目中，是工作就应做到最好，否则就是对顾客不负责，就是对自己不负责，就是对自己的人生不负责。拥有这样一个追求完美、不给工作留遗憾的工作态度，工作何愁不能做到最好，工作者又怎能会走进职业危机呢？

在我们的实际工作中就是这样。对于一些可做可不做的工作，我们身边的大部分工作者都会这样想："做好做坏，都没有人去特意检查，也没有人会格外留意，何必费时费力呢？"于是，他们这样想了，这样去做了，应付了事、为工资而工作、做一天和尚撞一天钟的想法就会逐渐占据他们的头脑，并会令其永远也成为不了一名优秀者、成功者。

人不是动物，不需要用鞭子赶着才走路，更不需要用枷锁紧锁才去工作。当每个员工将追求完美变成一种工作习惯时，就能从中学到更多的知识，积累更多的经验，就能从全身心投入工作的过程中收获快乐。这种习惯或许不会有立竿见影的效果，但可以肯定的是，当"做不到完美"成为一种习惯时，其后果将可想而知——它不仅可以令你走向职业危机，更会让你走进人生危机。

"如果大家做得不好，那么，微软离破产就只有15个月！"这是比尔·盖茨时常告诫雇员的话。这听起来有些耸人听闻，然而，仔细品味，确实发人深省！比尔·盖茨深知：微软要么成为行业的龙头老大，要么就会被人吞并或破产。

同理，作为在岗位竞争激烈的环境中工作的人，要么你因为做得最好而胜出，要么你被职场淘汰。职场风云变幻，每一个公司都像一列高速运转的火车．随时有人上车，也有人下车。其标准就是，合不合适，够不够优秀。

而评价合适与优秀的标准．就是看你是否能把工作做到最好。

自然，由于经验和学识等限制，一个人不可能方方面面都很出色，也不可能事事都做到完美。但是，一旦你有了这种强烈追求完美的欲望，就会促使你更加认真努力地奋斗，更快地走向成功。各行各业的成功人士并不见得都是天才，但是事事追求最好的信念总是时刻激励着他们，最终让他们取得了令众人瞩目的成绩。

客观地讲，工作不仅是生存的需要，也是实现个人价值的需要，跟我们的人生息息相关。将工作做到完美。是对企业的负责，更是对自己人生的负责，这是一种双赢的行为。对个人而言，获得的收益还要更多，因为它不仅能让你远离职业的危机，它还会改变的将是你的一生！

# 4. 工作面前无小事

"把每一件简单的事都做好就是不简单，"这是对待工作的态度问题，在工作中，没有任何一件事情，小到可以被抛弃，没有任何一个细节，细到应该被忽略。大事是由众多的小事积累而成的，忽略了小事就难成大事。从小事开始，逐渐锻炼意志，增长智慧，日后才能做大事，而眼高手低者，是永远做不成大事的。

著名企业海尔公司总裁张瑞敏提到员工精神时说："如果让员工每天擦桌子6次，日本员工会不折不扣地执行，每天都会坚持擦6次，可是中国员工在第一天可能擦6次，第二天可能擦6次，但到了第三天，可能就会擦5次、4次、3次，到后来，也许就会不了了之了。与日本员工的认真、精细相比，中国员工确实有大而化之、马马虎虎的毛病。"有鉴于此，他表示："把每一件简单的事做好就是不简单，把每一件平凡的事做好就是不平凡。"稻盛和夫也说：工作面前无小事，完美主义才能防微杜渐。

花岗岩与佛像同处一间庙宇，人们常常踩着花岗岩去拜佛像，花岗岩觉得很不公平，有一天，它对佛像说："我们都是从一个采石场里出来，为什么人们总是将我踩在脚底而去跪拜你呢？"佛像笑了笑说："从采石场出来时，你只经过四刀就成形，而我是经过千刀万凿才成佛的。"

平时看似普通平凡的工作，只要我们一直坚持下去，就能够取得很大的成绩，以促使我们走向成功，从而改变我们的命运。

《细节决定成败》里有这么一句话："把简单的招式练到极致就是绝招。"细微之处见精神。有做小事的精神，才能产生做大事的气魄。坚持将简单的工作重复做，而且能把简单的工作、琐碎的事情做到最好，就能体现出这份工作存在的意义，这份工作因此变得不平凡，做这份工作的人更是了不起。

　　快餐巨子麦当劳公司，就非常注重对员工"小事"意识的培养。当新员工进入麦当劳公司时，都会得到这样的劝告："工作中的每一件事都值得你们去做，包括那些细小的事，你们不但要做，而且要非常用心去做。因为成功往往都是从点滴的小事开始的，甚至是很多细小入微的地方。"

　　麦当劳公司之所以如此强调工作中"小事"的重要性，是源于一名员工对一些细微小事的忽略造成了麦当劳公司的巨大损失。

　　在1994年第15届世界杯足球赛上，麦当劳公司企图抓住商机，一展身手。一位策划人员向公司提出了自己的建议，而且得到了公司的认可。于是这名策划人员便和其他同事紧锣密鼓、加班加点地进行各方面工作的准备。

　　在开赛期间，麦当劳公司将自己精心制作的印有参赛的24个国家国旗的食品包装袋派发给观众。原本以为这项创意必将受到各国球迷消费者的欢迎，但不幸的是，在沙特阿拉伯的国旗上有一段古兰经文，这受到了阿拉伯人的抗议。在阿拉伯人看来，使用后的包装袋油污不堪，往往被揉成一团，丢进垃圾桶，这被认为是对伊斯兰教的不尊重，甚至是对《古兰经》的玷污。

于是，面对严厉的抗议，这次花费不菲的行动泡了汤，麦当劳公司只有收回所有的包装袋，坐了一回冷板凳，当了一回看客。负责策划的人员也不得不引咎辞职。

不要小看小事，不要讨厌小事，做小事情粗粗糙糙、马马虎虎、对付迁就、敷衍拖延的人，不可能成为伟大的人；同样，这样的企业，哪怕一时轰轰烈烈，终将有土崩瓦解的一天。只要有益于自己的工作和事业，无论什么事情我们都应该全力以赴。用小事堆砌起来的工作才是真正有质量的工作，用小事堆砌起来的事业大厦才是牢不可摧的。

美国标准石油公司有一位推销员叫阿基勃特。他大学毕业后一直找不到工作，某天到标准石油公司应聘时，被告知人员已满。当他退出来时，发现沙发旁边有一枚大头针，便把它捡起来放到了桌子上。当人事经理看到这一细节时，便立刻叫他回来说："你被录取了。"

进入公司后，尽管出身低微，但他尽心尽职地努力维护公司的声誉。当时公司的宣传口号是"每桶标准石油4美元"。于是，不论何时何地，凡是要求自己签名的文件，阿基勃特都会在签完名字后，在下面写上"每桶标准石油4美元"，甚至连书信和收据也不例外。

由于这种原因，他被大家称为"每桶4美元"，真名反而没人叫了。四年后的一天，董事长洛克菲勒无意中听到此事，便请他吃了一顿饭。当他问阿基勃特为什么要这样做时，得到的回答是："这不是公司的宣传口号吗？我想，每多写一次就可能多一个人知道。"后来，洛克菲勒退休，阿基勃特便成了第二任董事长。

在这家美国最大的石油公司里，必然是人才济济，比他能力强、才华高的人多的是，但却是他做上了董事长。或许有幸运的成分，但关键在于，他处处为公司着想，时时为公司多做一点额外的服务，因此，他就获得了这样的奖赏。

工作面前无小事。往往正是人们看起来的"小事"成就了大事。

理智的领导，常会从细微之处观察员工，评判员工。比如，站在领导的立场上，一个缺乏时间观念的员工，不可能约束自己勤奋工作；一个自以为是，目中无人的员工，在工作中

无法与别人沟通合作；一个做事有始无终的员工，他的做事效率实在令人怀疑……一旦你因这些小小的不良习惯，给领导留下这些印象，你的发展道路就会越走越狭窄。因为你对领导而言，已不再是可用之人。

如今，社会上的人们逐渐变得浮躁起来了，总是不停地追求各种自己期望的东西，却对追求过程中的"小"问题极少或者根本不去理会。殊不知，这正是可以带来好结果的关键所在。

很多员工对待工作的态度总是"做得差不多"就可以了，一

般是对工作不感兴趣，是为了"混"而工作。用类似的心态，又如何能够关注得到"小"事情呢？这里给出的建议是，要么重新选择工作，要么在目前这个工作岗位上做得非常优秀。更详细地说有如下三点：

（1）工作上没有小事。世事皆无"小事"，事事都是工作，只要是能产生工作结果的一部分，无论大小，都值得我们去重视。

（2）密切关注自己的工作流程，只要觉得没有达到最佳效果，无论是多么"小"的细节都应该被关注并获得改善。

（3）差距往往从细节开始，造成不同结果的，通常是那些很容易被忽略的"小"事。任何小事，只要你敢忽略它的存在，它就会在你不注意时给你狠狠一击。

美国国务卿鲍威尔就把"注重小事"当成人生信条，他目前是美国威望最高的将领和领导人。而另一位美国人，世界上唯一依靠股市成为亿万富豪的沃伦·巴菲特就极其赞同"工作无小事"的观点，他认为，无论在投资策略还是商务策略上，都必须谨记："细节决定成败。"

能够在那些司空见惯的事情里，发现值得关注和提升的小事，并能在它们未变成大问题前加以解决，这就是最了不起的本领，也是成就大事业的关键能力之一。

# 5. 从现在起就要做到完美

在工作中，第一次就把事情做到完美，是落实工作的第一步。所谓"第一次就把事情做完美"，简单地讲，就是第一次就把事情做得符合要求。稻盛和夫这样提醒人们：要完成一个产品，99%的努力是不够的。一点差错，一点疏忽，一点马虎都不能允许。任何时候都要求100%的"完美主义"。

在落实过程中，最没有效率、最倒胃口的事情就是一件事情开始没有做完美，被推倒重来。工作中这样的事情比比皆是。每个人一生当中都会犯很多这样的错误，有的是不起眼的小错误，有的是伤筋动骨的大错误，不管错误大小，我们都要为之付出代价。

第一次就把事情做完美，不是一个简单量化的工作标准，而是一个改变所有企业和个人的有效的工作哲学和方法。

第一次就把事情做完美好，是一个人做人做事的哲学，是一个人实现事业成功和人生幸福的第一法则。

第一次就把事情做完美，是对员工的期待，它时时刻刻提醒每一位员工，要尽最大的可能，在接手每一件事情时，抱着"一次就做完美"的信念。

第一次就把事情做完美，是对"质量"品质的严格要求，只有"第一次就做完美",才能尽可能减少废品,保证工作质量。

第一次就把事情做完美,需要员工有扎实的职业技能基础,需要员工对"第一次"从事的工作有充分的准备。

第一次就把事情做完美,不仅可以有效地减少做错工作所带来的成本损失,还可以有效地避免时间的浪费,提高工作效率保证落实。

假如第一次没有把事情做完美,就会导致金钱、时间、原材料、精力的损失和浪费。

1984年,34岁的张瑞敏走马上任,担任青岛市海尔电冰箱厂的厂长。张瑞敏刚一上任,就颁布了13条规定,从禁止随地大小便开始,揭开了海尔现代管理之路。

在1985年的一天,有一位客户来到海尔,说是要买一台冰箱。结果这位客户挑了很多台冰箱都有毛病,最后勉强拉走了一台。

待客户走后,张瑞敏让员工把库房里的400多台冰箱全部检查了一遍。结果,发现这些冰箱中共有76台存在各种各样的缺陷。

张瑞敏把职工们叫到车间,问大家现在应该怎么办?大多数人提出,既然不影响使用,便宜点儿处理给职工算了。当时一台冰箱的价格800多元,相当于一名职工两年的收入。

于是,张瑞敏对职工们说:"如果我允许你们把这76台冰箱卖了，就等于允许你们明天再生产760台这样的冰箱。"

所以，张瑞敏当场宣布：这些冰箱要全部砸掉，谁干的谁来砸。说着，就抢起大锤亲手砸了第一锤！在砸冰箱时，很多职工流下了眼泪。

随后，张瑞敏发动和主持了一个又一个讨论"如何从我做起，提高产品质量"的会议，并制订了许多质量管理制度，三年之后，海尔企业捧回了我国冰箱行业的第一块国家质量金奖。

可见，假如在生产这些冰箱时，就让它们完全符合质量要求，就不会有这一砸冰箱事件了。尽管这是一件变坏事为好事的事情，但是，我们也不能不承认，砸冰箱造成了时间、精力和原材料的浪费。因为时间、精力和原材料是不可逆转的。或许这正是海尔"很多职工砸冰箱时流下了眼泪"的一个重要原因。

卡耐基曾经说过："任何一个人都没办法改变给人的第一印象，因为你的第一印象永远留在人家的心里。"有些人会说，我这一次没有表达好、没有表现好，我以后再来完善自己，那只是徒劳而已。第一次实在是太重要了，一旦第一次出现差错，就很难改变差错的现实，因为差错造成的影响和损失，需要付出双倍甚至更多的代价才有可能弥补。

著名管理学家克劳士比讲了这样一则故事：

在一次工程施工的过程中，师傅们正在紧张地进行着工作。这时，有一位师傅的手头需要一把扳手。他便对身边的小徒弟说："去，给我拿一把扳手来。"

小徒弟飞快地跑去。师傅等了很长一段时间，才见小徒弟气喘吁吁地跑回来，拿回一把巨大的扳手说："师傅，扳手拿来了，真难找！"

师傅一看，却发现这并不是他想要的扳手。于是，他非常生气地对小徒弟说："谁让你拿这么大的扳手呀？"

小徒弟没有说话，但是显得非常委屈。这时，师傅才发现，自己叫徒弟拿扳手的时候，并没有告诉徒弟自己需要多大的扳手，也没有告诉徒弟到哪里去找这样的扳手。他自己以为徒弟应该知道这些，但实际上徒弟并不知道。师傅明白了：发生问题的根源在自己，因为他并没有明确告诉徒弟做这项事情的具体要求和途径。

第二次，师傅明确地告诉徒弟，到某一库房的某个位置，拿一个多大尺码的扳手。这一次，没过多长时间，小徒弟就把师傅想要的那个扳手拿回来了。

在这个故事中，小徒弟因为第一次没有把事情做完美，浪费了时间。而更重要的是，要做到第一次就把事情做完美，首先就要知道什么是"完美"。在工作中，有很多人都遇到过越忙越乱，解决了旧问题，又产生了新故障的情况，在忙乱中造成的错误，轻则自己手忙脚乱地改错，浪费大量的时间和精力；重则返

工检讨，给公司造成严重的经济损失。

第一次没把事情做完美，忙着改错，改错时又很容易制造新的错误，恶性循环的死结越缠越紧。在"忙"得心力交瘁的时候，那么，我们是否考虑过这种"忙"的必要性和有效性呢？

盲目的忙乱没有任何价值，必须终止。再忙，也要停下来思考一下，使巧劲解决问题，而不要盲目地拼体力。第一次就把事情做完美，把该做的工作落实到位，这正是解决"忙症"的要诀。

在行为准则的贯彻执行上，"第一次就把事情做完美"是一个应该引起足够重视的理念。如果这件事情是有意义的，具备把它做完美的条件，为什么不现在就把它做完美呢？因为把事情一步一步地做完美了，就可以达到第一次就把整个事情做完美的境界。

总之，要保证工作落实到位，我们就要用高要求和高标准来要求自己，在做事的过程中，争取第一次就把事情做完美，不给自己留下再三纠错的后遗症。

# 6. 忽略1%的细节导致100%的失败

"若要时针走得准，必须控制好秒针。"当人们忽视自己眼前的细节而到处寻觅成功的良机时，有的人已经注意到这些细节并且运用它们获得了成功，这就是细节带来的差距。稻盛和夫也指出：1%的失误可能导致100%的失败。

伟大源于细节的积累，一个追求卓越的人必须在细节上下苦功，在细微处寻找自身的优势。

有位医学院的教授，在上课的第一天对他的学生说："当医生，最要紧的是胆大心细。"说完，便将一根手指伸进桌上一只盛满尿液的试杯里，接着再把手指放进了自己嘴里。

看完教授的举动后，学生们都很震惊。教授随后将那只杯子递给学生，让每一位学生照着他的样子做。看着每个学生将手指伸入杯中，然后再塞进嘴里，忍着呕吐狼狈的样子，他微微笑了笑说："不错，不错，你们每个人都够胆大的。"接着教授又难过起来："只可惜你们都不够细心，没有注意到我伸入尿杯的是食指，放进嘴里的却是中指啊！"

也许你不止一次看过这个故事，但却没有认真地分析故事的深层意义。在故事中，教授用哪根手指伸入尿杯，而哪根手指放进嘴中就是关键性的细节，所有忽视了这个细节的人都受到了教训。教授这么做的本意就是要让学生明白，无论是在学习还是工作中，必须学会观察细节，不能忽视一些自认为不重要的事。

作为一名优秀员工，每天要处理的事务十分繁多，不可能将所有的精力全部投入细节之中，还必须确定战略的方向，做出决策。如何能在忙碌的工作中，既确定战略方向，做出正确的决策，又能通过挖掘和关注关键性细节对工作进行控制呢？

　　田华是一名贸易工作者。一次，她负责一批出口抱枕贸易项目，而这批抱枕却被进口方加拿大海关扣留了。加拿大方认为抱枕品质有问题，要求全部退回。

　　田华怎么想也想不出哪里出问题。因为在与加拿大进口方的整个合作过程中，抱枕的面料、花色都是通过打样和对方反复确认的。那究竟是什么原因让海关扣留了货物，甚至要求全部退货呢？

　　最后通过仔细调查，才知道问题出在抱枕的填充物上。因为负责这项工作的员工谁都没有重视填充物的作用，而都把注意力放在了抱枕的外套上。由于和制造厂商没有就填充物的标准做具体要求，制造商在其中混入了部分积压的原料，导致在填充物中出现了小飞虫。

　　就因为员工忽略了这些细节，使公司蒙受巨大的经济损失，在客户心中留下了不良的印象，为今后公司的发展设下障碍。

　　在本案例中，虽然填充物并非最关键的部分，却也应作为产品的一个组成部分得到与其他部分相同的重视。如果当时有员工考虑到这个细节，或许结果就会皆大欢喜。

事物都是有联系的，而你的成败往往就由一些毫不起眼的细节决定。虽然决定事物性质的通常是主要的方面，但是关键性的细节却同样起着扭转全局的重要作用。

实际上，我们都明白：抓住关键细节，就是《孙子兵法》"知己知彼，百战不殆"的现代运用。抓住关键细节，有助于我们"知彼"，也大大有益于我们"知己"。

对于一名想提升自我的员工来说，忽略了1%的细节都可能造成100%的失败。

"商业教皇"布鲁诺蒂茨说过："一个企业家要有明确的经营理念和对细节无限的爱。"一个成熟的职场人士，必须具备对细节的充分掌控能力。"千里之堤，毁于蚁穴"，往往正是这毫不起眼的细节，决定了事情的结局。忽视细节会付出惨痛的代价。往往在你的不以为意间，就错失了获得成功的机会。

点滴的小事之中蕴藏着丰富的机遇，不要因为它仅仅是一件小事而不去做。要知道，所有的成功都是在点滴之上积累起来的。

# 7. 橡皮绝对擦不掉错误

在稻盛和夫的企业里曾发生过这样的事：当时，稻盛和夫在会计方面有不理解的地方，就一一向财务部长提出疑问。这让他大伤脑筋，稻盛和夫提的都是"财务报表怎么读""复式簿记的处理方式"等这样的问题。一个连会计的"会"字都不认识的人却提出了这么多形形色色的问题，那位年长的财务部长每次都露出不悦的神情。不过稻盛和夫虽然年轻，却是他的上司，他也不好太敷衍了事。"常识都不懂，尽提些幼稚的问题，"他内心一边这么想，一边勉强应答。

有一次，这位部长说明的数字稻盛和夫无法接受，他就连连追问，弄得财务部长非常窘迫，无言以对。最初他看稻盛和夫是外行，不把他放在眼里，但在他再三追问之下，证明他的数字有误。财务部长大概也感到不对头，轻轻地连声说了几句"对不起"，赶紧拿来橡皮将错误的数字擦去。对他的这种做法，稻盛和夫实在难以容忍。只要一个文字，一个数字错了，就有可能造成工作上的致命后果，这一点他毫无意识。如果这种性质的事发生在新型陶瓷的制造过程中，会造成无法挽回的严重损失。所以，当时稻盛和夫大发雷霆，狠狠地批评了财务部长。

发生了错误用橡皮擦掉、重新再写就行了，抱有这种想法的人不在少数。

但是，在工作中有很多用橡皮绝对擦不掉的事情，而且，抱着"错了改改就行"这种想法做事，小的失误就会频繁发生，其中就隐含了导致无法挽救的重大错误的危险性。

某幼儿园发生了一起校车闷死学童的事故。该园一名3岁学童廖某由于被老师遗忘，困在车内长达8个小时，窒息死亡。

　　警方笔录还显示，幼儿园李老师突然间想起了廖某在这个位置上睡着的样子，"当天孩子好像特别困，睡着了，几乎没怎么说话"。车上靠左是两人位，孩子可以躺下。

　　这趟校车一共接了10个孩子。据李老师回忆，其他的小朋友都很闹。喧闹为何没有吵醒廖某，这一点尚无解释。校车一路行驶，9时10分，停在了幼儿园门口。孩子们闹哄哄地下车了。李老师对警方表示，当时她赶紧忙着下车照看这帮孩子，没顾上清点查看。

　　这辆校车的司机黄某是一名50多岁的老司机。据他对警方的陈述，当天李老师和一帮孩子下车后，他关上门窗，又绕着车走了一圈，从透明的车窗里看了一下车内情况。没有发现什么，于是，他也离开了。

　　7月19日当天，幼儿园没有按照惯例分班上课，孩子们都聚集在操场上，为几天后的毕业典礼和汇报演出进行节目彩排。因此，正常的交接手续并没有履行。跟车保育员李老师没有和廖某的班主任张老师进行交接，张老师也没有追究廖某缺席的原因。

　　中午12时，进入一天中最热的时刻。据警方测算，当时室外温度大概是40摄氏度，车内温度应该在50摄氏度以上。

　　幼儿园中午有近一个小时的午睡时间。下午，继续进行演出彩排，孩子们在操场上一直玩到下午4时20分。

　　该送孩子们回家了。司机老黄开锁，保育员李老师打开车门的一瞬间，发现廖某倒在车里，早已身亡。

当地教育局作为幼儿园的主管部门，认定事故是由幼儿园在安全管理过程中的人为疏忽所导致。教育局总结出3个因素：第一，随车的李老师违反当地教育部门制定的《教育系统安全工作检查频度控制表》中"每车次要检查滞留学生"的要求，同时，没有认真做好相应交接工作及检查记录工作；第二，司机黄某未能在锁车门之前做好车厢内滞留学生情况的核查工作；第三，班主任张老师没有认真做好缺席幼儿的跟踪了解情况工作，在廖某没有到班上课的情况下，未致电其家长询问情况。

教育局结论：正是由于这3个连环的疏忽，直接导致了廖某的死亡。

试想一下，如果这三个连环细节上的疏忽有一个被重视，有一个被小题大做地认真去落实一下，这样的悲剧还会发生吗？

但在日常工作中，我们经常看到这样的现象：有些职工对于工作中的细小疏漏不以为然，或者根本就没放在眼里，总认为是小事一桩，没什么关系。有的员工对于厂里的检查或是处罚还有不少的抱怨，认为是"小题大做"，是"大惊小怪"，是"鸡蛋里面挑骨头"，是"故意找碴儿"，"故意跟我过不去"……这种想法是绝对错误的，绝对要不得的。

从上面这些事例我们可以看出，"小题大做"不仅重要，而且很有必要，因为"小题大做"抓得早是小苗头、是隐患、是未然，这对于企业最后成败是最有利的。"小题大做"，既是一种态度，也是一种方法，更是一种理念。如果企业上下，从领导到员工，都能做到"小题大做""大惊小怪"，都有这样的思想认识和工作态度，都能把"小事"当"大事"来抓，就一定能够做得更好。

无论何时何事，"错了改改就行"的想法绝对不能允许。平时就要用心做到"有意注意"，不允许发生任何差错。贯彻这种"完美主义"才能提高工作质量，同时提升人自身的素质。

# 第六章
# 做一个有权威的管理者

无论是中小企业还是大企业，经营的第一要诀。就是让员工被你的人格魅力所吸引，只有信赖你、钦佩你，才能与你同甘共苦。与员工建立这样的人际关系乃是经营的第一要诀。

——稻盛和夫

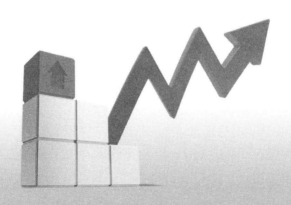

# 1. 真正的权威来自于人格魅力

一个组织、一个团队、一个企业，甚至一个集团、一个国家的命运，都是与它的管理者息息相关的。那么，一个管理者需要具备哪些素质和能力呢？

稻盛和夫说："居于人上的领导们需要的不是才能和雄辩，而是以明确的哲学为基础的'深沉厚重'的人格。包括谦虚、内省之心，克己之心，尊崇正义的勇气，或者不断磨砺自己的慈悲之心——一言以蔽之，就是他必须是保持'正确的生活方式'的人。"

稻盛和夫非常赞同我国明代文学家、思想家吕坤在《呻吟语》中提到的有关领导人资质的评论："深沉厚重是第一等资质；磊落豪雄是第二等资质；聪明才辩是第三等资质。"也就是说，是否具备厚重人格，能否对事物进行深入思考，是一个人能否成为管理者的关键所在。所以，管理者首先要具备的就是高尚的人格。

所谓人格魅力，指的是人整体的精神面貌，即人的性格、气质、能力等特征的总和。列宁曾指出："保持领导不是靠权力，而是靠威信、毅力，靠比较丰富的经验、比较渊博的学识以及比较卓越的才能。"

一个企业的管理者，就如同军队的统帅一样，他凭什么让自己的部属信服自己，听自己的号令呢？是靠权力、金钱吗？当然不是。真正卓越的管理者，拥有权力和金钱影响之外的一种能力，一种能让人钦佩、信服的人格魅力，以此来感召自己的手下。

俗话说："士为知己者死"，我们每一个人都倾向于为自己佩服、敬重的人效力，而且往往是不计得失的。不要小看管理者的人格魅力，对于企业的发展而言，那是一种强大的推动力。

一个富有人格魅力的企业家，对于营造融洽的团队氛围、提高公司的运营效率，以及扩大公司的影响力，都起着至为关键的作用。尤其是在企业发展的初期，由于企业机制尚不完善，管理者的人格魅力所起到的作用就更加突出。

那么，富有人格魅力的企业家是什么样子的呢？我们来看一位企业家的例子。

这位企业家，既不是名校毕业的高材生，也没有海外留学的经历，更不是任何专业领域的学者、专家。中学时期，他的成绩在班上只能算是中游，高考考了三次，才勉强上了一所二流大学。毕业后，他成了一名英文老师，月工资只有89元。最惹人关注的是此人的相貌，用《福布斯》上的话说，他"颧骨深凹、头发卷曲、露齿欢笑、顽童模样、5英尺高、100磅重"。这样看来，这位的长相确实是有点"对不起"观众了。

他，就是马云，全球知名电子商务企业阿里巴巴的CEO

（首席执行官），一位不懂IT的IT英雄。

再让我们来看看他的手下都是些什么人物：

CFO（首席财务官）蔡崇信，耶鲁大学法学硕士，曾任著名风险投资公司InvestAB的副总裁，1999年加入马云的创业团队。

CTO（首席技术官）吴炯，雅虎搜索引擎的首席设计师，2000年加入阿里巴巴。

COO（首席运营官）关明生，曾是美国GE公司的资深高管，2001年加入阿里巴巴。

上述几位在加入阿里巴巴之前，都是各自领域的重量级人物。是马云用高薪把他们"挖"过来的吗？答案是否定的。以蔡崇信为例，他当年放弃了七位数的高额年薪来到阿里巴巴时，拿的月薪是多少呢？500元！当蔡主动提出加入的时候，连马云也觉得不可思议。吴炯、关明生等人也是自愿放弃了高薪职位，进入阿里巴巴，和马云并肩打天下。

阿里巴巴的成功，自然离不开马云的眼光和智慧，但他的人格魅力也起着非常重要的作用。有人这样形容马云："你来了，你看到了他，你就被他征服了。"对此，除了用"人格魅力"这个词以外，我们还能有其他更好的解释吗？

关于马云的人格魅力，研究者有过不少的总结。他首先是一个有理想和追求的人，也是一个有能力去实现自己的理想和追求的人。在别人眼里，马云是个狂人，但是他的狂言基本都实现了，这点让人不得不佩服。更重要的是，在马云的身上，你很难发现一点点虚荣心。他总是坦然面对自己的失败和缺陷，连自己的长相也在他自嘲之列，以至于有了那句流传甚广的名言："男人的能力与长相是成反比的。"

领袖气概、平民气质，为马云赢得了很高的人气。现实中，确实有很多人都是先了解了马云，再去了解阿里巴巴和淘宝的。很多新生代的IT精英，也正是被马云的人格魅力所吸引，进入阿里巴巴谋求发展。

说起中国企业界的明星企业家们，马云是最突出的典型。此外，也还有一大批偶像级的企业家，比如万科的王石、联想的柳传志、搜狐的张朝阳、蒙牛的牛根生、新东方的俞敏洪，等等。他们独特的人格魅力，使他们和他们的企业一起，成为社会大众乐于谈论的话题。他们的企业，也很自然地成为精英云集的地方。

在形成人格魅力的各种因素中，有一些因素似乎是与生俱来的，但更多的因素需要依靠后天的修养。那么，对于广大企业管理者而言，应该从哪几个方面着手，来加强自身的修养呢？有人曾用四句话，对此做了一个很好的总结。这四句话是这样的：

第一句：公道正派，靠无私无畏的品质感染人

第二句：以身作则，凭扎实过硬的作风信服人

第三句：心胸坦荡，以海纳百川的气度厚待人

第四句：善达人意，用坦诚亲切的情感亲和人

一个企业管理者，如果能长期在这四个方面努力，不断增强自己的人格魅力，这无论对企业还是对企业管理者本人而言，都将是一笔无可替代的财富。

## 2. 身体力行和以身作则

稻盛和夫是一个非常注重实际行动的人，他重视书本知识，更重视实践，注重身体力行。注重实践及身体力行也被他视为人生中极其重要的原则。他认为，只有通过亲身的体验才能积累最宝贵的财富。

"纸上得来终觉浅，绝知此事要躬行。"亲历每一个现场，能够积累实践经验，这比听他人的"经验之谈"都要有用得多。所以稻盛和夫说："在信息社会、偏重知识的年代，多数人认为'如果知晓理论就能办到'，这种观念其实大错特错了。'知晓'与'办得到'之间有很深的鸿沟，能够填补这道鸿沟的就是现场的经验。"

有一次，稻盛和夫听说在温泉旅馆有一场关于经营知识的讲座，课时为三日两晚，报名费用达数万日元。这对当时的稻盛和夫来说是一笔极大的开销，但是因为迫切想学习经营知识，再加上讲师名单中有稻盛和夫倾慕已久的本田技研工业的创始人本田宗一郎先生，所以，他不顾周围人的反对，报名参加了这次讲座。

讲座开讲的当天，所有学员在旅馆泡过温泉后，坐在大会场里等待本田先生来讲课。可是，本田先生的出现却让来学习的企业家们甚为尴尬。当时本田宗一郎先生是从本田公司的滨松工厂直接赶来的，他的工作服上沾满了油污，到达会场后，他开口就对与会人员进行了一番训斥：

"大家来这里是干什么的？好像是来学习经营的，可是如果有这个时间，那就请早点返回公司去干活儿。泡泡温泉、吃吃喝喝不可能学好经营。我没有向任何人学习经营就是证据。看看我这样的男人也能搞好经营。其实，你们要做的事情只有一件，就是赶快回到公司积极投入到工作中去。"

本田先生还骂道："支付如此昂贵费用的傻瓜在哪里？"

见此情景，所有学员都陷入到沉默中，因为大家都明白本田先生说得确实有道理。

稻盛和夫在这次还没有开始就已经结束的讲座中，受到了极深的触动。也正是本田宗一郎先生的一番训斥，让稻盛和夫领悟到了什么才是经营之道。他说："本田先生告诉我们在榻榻米上学习游泳是多么的愚蠢。在榻榻米上不可能学好游泳，还不如立刻跳入水中，奋不顾身地挥动手脚。若没在现场挥洒汗水就不可能做好经营——本田先生就是如此，成就一番伟业的智慧只能从经验中得到。只有亲力亲为的体验才是最宝贵的财富。"

本田宗一郎先生的话，不仅仅道出了经营之道，还指出了做任何事情都应该亲力亲为的重要性。因此稻盛和夫在事业的经营中，付出了不亚于任何人的努力。这也是稻盛和夫在工作中身体力行的表现。

不少著名企业都很重视身体力行、以身作则。麦当劳快餐店创始人雷·克罗克是美国社会最有影响力的十大企业家之一。他不喜欢整天坐在办公室里，而是大部分工作时间都用在"走动管理上"，即到所有分公司各部门走走、看看、听听、问问，随时准备帮助下属解决工作中遇到的问题。

无独有偶，最先创造"走动式管理"模式的惠普公司，为推动部门负责人深入基层，又创造了一种独特的"周游式管理办法"。为达到周游式管理的目的，惠普公司的办公室布局采用美国少见的"敞开式大房间"，即全体人员都在一间敞厅中办公，各部门之间只有矮屏分隔，除少量会议室、会客室外，无论哪级领导都不设单独的办公室。这样，哪里有问题需要解决，部门负责人就能以最快的速度赶到现场，带领自己的员工以最快的速度解决问题。正是这些保证了惠普公司对问题的快速反应能力和解决能力，并成就了它的辉煌。

通用电气公司的韦尔奇也是一位专注于带领部下解决问题的优秀管理者。

GE旗下的CNBC电视频道的《商务中心》节目在每晚的6：30到7：30播出。这是一个非常受欢迎的节目。2001年4月底，该节目的女主持人苏·埃雷拉给韦尔奇打了一个电话。她说，著名节目主持人多布斯又回到CNN电视台，主持《货币之线》节目，时间与《商务中心》重叠，是一个重大威胁。希望韦尔奇能发来一个电子邮件，以鼓舞她的团队成员的士气。韦尔奇知道苏已经为此取消了私人休假，也知道这对CNBC非常重要。于是他说："苏，不用发邮件了，为什么我不能亲自到你的工作室去呢？"

于是，韦尔奇在接下来的一个星期里，与苏的15人团队一起，吃着饼干，喝着可乐，一起讨论几十个应对方案。那个星期的最后一天，CNBC的所有人，从电脑制作到布景设计，都加入到讨论中来。在韦尔奇的参与下，CNBC（而不仅仅是《商务中心》节目组）采取了以下对策：把节目时间延长，并从6点开播；在多布斯出场的当天早晨，由CNBC的另一个节目把苏请到演播室作为嘉宾与观众见面；由CNBC体育节目在周末播出NBA总决赛时，播出《商务中心》节目预告。

这样，韦尔奇俨然又成了CNBC的项目经理。他说，多布斯的复出无疑会夺走一部分观众，但我们决不会让他轻易做到这一点。这将是一场持久战，但我们要赢得第一场战斗。

结果，星期一《商务中心》与《货币之线》打了个平手，而到了星期四《商务中心》的收视率就明显超过了《货币之线》。正是韦尔奇的亲临指导，使CNBC增强了战胜对手的决心，最终创下了收视率的新高峰。

身教重于言教，榜样的力量是无穷的。行为有时比语言更重要，领导的力量，很多往往不是由语言，而是由行为体现出来的。在一个组织里，管理者是众人的榜样，他的言行举止都被员工看在眼里，当管理者亲临指导时，员工往往会有更大的信心和更多的热情。所以，管理者要懂得通过以身作则来影响下属，这样管理起来也会得心应手。

# 3. 有效地进行交流和沟通

中国最受欢迎的实战型管理培训专家余世维说："沟通不是一个人的本能，而是一种能力。"作为一个企业管理者，如果你没能与合作伙伴、同事、下属进行恰当的沟通，那么你们之间就不会有很好的关系，你的工作也就很难得到顺利地开展，同事和下属不会信服于你，合作伙伴也可能会选择另谋合作对象。因为没有人会和不懂沟通的人合作，所以进行有效的沟通很重要。如果工作中没有合理的沟通，就不会发现工作中的乐趣和机会；如果生活中没有良好的沟通，就不会拥有快乐的人生；如果事业中没有有效的沟通，就不会走向事业的成功。

那么，如何才能进行良好且有效的沟通呢？

稻盛和夫认为，老板与员工在办公室很难有推心置腹的沟通，因为办公室的气氛很严肃，下级面对上级很难说出真心话。在稻盛和夫的企业里，大部分人都是学工程的，他们更多的兴趣在于对一件事物的研究，很少有人有兴趣研究人性和与人沟通。所以，一开始，稻盛和夫觉得跟员工沟通起来非常困难。后来，稻盛和夫经常在下班后与员工一起喝酒，当大家喝得晕晕乎乎的时候，老板与员工的边界就模糊了，有些话也就可以开诚布公地讲出来了，大家就可以进行更好地沟通。这种有效的沟通让稻盛和夫和员工之间建立了深厚的友谊和信任，而这种友谊和信任使员工在企业面临困难的时刻，能与他在一起全力以赴地突破难关。

稻盛和夫还主张在沟通时要与他人进行心与心的交流，在情感上建立彼此的信任。他认为人心是最容易变的，但是一旦建立起心与心的联盟和共同认知，它又是最坚固的，所以他一直相信心的力量。

如何与他人进行心与心的交流，建立感情上的信任，拥有心的力量呢？稻盛和夫认为，最重要的就是要用真诚进行沟通。真诚具有穿透性的力量，因为，真诚的心之间是没有障碍的。当你一直坚守真诚时，你会发现，有一天你会因此而得到更多。真诚也是让人感动的最佳方法。

尼克·赞纽克是福特汽车公司前高级总监，他在福特公司工作了27年，曾在福特领导过林肯轿车的一个车型——大陆汽车的开发项目，这个项目价值40亿美元，有1200个工程师参与这项工作。虽然项目开始的时间比计划晚了4个月，当时团队也没有很好地组织起来，但他们仍然按计划完成了任务，并使项目经费比预算节约了30%。他又是怎样做到这一点的呢？

说实话，尼克·赞纽克一开始真不知道如何开展工作，如何把一个庞大的机构分割成许多个很小的、高效能的团队,再把它们组成一个有机的整体。于是他去了丰田公司,想了解他们是怎么做的。

没想到丰田公司毫不掩饰地向他介绍了全面质量管理、准时生产等知识。尼克·赞纽克有些不解地问丰田公司的总经理:"为什么你要和福特公司分享这些知识呢?与你的竞争对手分享这些知识,你不怕有风险吗?"

丰田公司的经理说:"我不怕。因为当你们把这些知识实施到你们的企业中去的时候,我们已经有了新的知识,我们学得比你们快。"

丰田公司的人居然对福特公司的人说"我们学得比你们快"!当时尼克·赞纽克根本不懂他们这些话是什么意思,只是受到启发,知道团队要共同学习。

于是,福特团队开始了共同学习之旅。他们组织了一个由管理者组成的小组,每两个月开一次或两次例会。在这种例会中,这些高级管理人员学习怎样进行一些诚恳的对话。通过这种恳谈,成员之间建立了一种很真诚的关系。在建立这种关系的同时,成员之间开始彼此吐露心声。他们开始"分享"他们的错误,也不再害怕犯错误,不再在乎面子,在乎的是真正的互相了解。这些管理者花了6个月的时间才学会恳谈。其实他们不应该花这么长的时间,因为大家应该无时无刻不在恳谈——也就是说他们不应该用这么长的时间来建立真诚的关系,而应该随时拥有这种关系。

这些管理者后来明白了,他们需要建立真诚的关系,公司的上千名工程师及其他员工也应该建立这种真诚的关系。

于是，他们创建了一个学习实验室。这是一个为期3天的培训。他们组织一些工程师、工人、其他员工与管理人员共同参加培训。管理者们让员工把日常工作中遇到的难题与困境带到培训当中来，大家通过讨论和共同学习，一起来解决问题。

当时的主题是：在一个多变的环境中如何做到持续、健康地发展。当他们开始学习修炼，并开始在团队中实践这些知识时，整个团队的业绩开始改善，每个人都开始真诚地对话。当发展和扩大这种真诚关系的时候，随着关系的进一步改善，团队成员的知识也开始增加。当知识增加的时候，制造的创新、营销的创新、设计的创新都在不断地提高。因此，当制造出第一辆样车的时候，所有指标都达到了预期目的。林肯大陆是当时福特公司质量最高、性能最好的车型，这个项目是福特公司第一个超出了所有预期目标的项目。而在这个项目中，员工的奉献与投入程度超出了任何可以衡量的尺度。

一个沟通顺畅的企业必然是一个工作气氛融洽，工作效率极高的企业，在这样的企业里工作，哪怕再苦再累，也是心甘情愿的，因为心情是愉快的！沟通创造和谐，沟通赢得人心，它能够凝聚出一股士气和斗志。这种士气和斗志，就是支撑企业大厦的中坚和脊梁。有了这样的中坚和脊梁，又何愁企业不发展呢？

协调沟通，从一定意义上讲，就是通过面对面的交谈和心灵之间的沟通，最终达到说服、教育、引导和帮助人的目的。做好这项工作，不仅要领导有较高的政治理论素养，还需要掌握比较高超的人际沟通艺术，因此，领导与员工的沟通要把握好以下几个方面：

（1）平等待人。

领导做下属员工的思想政治工作，不论是一般的交流、谈心，还是了解有关情况，或有针对性地对之说服、教育、批评、帮助，自己首先要明白一点，即相互之间虽有职位高低、权力大小、角色主动与被动等差别，但在人格上则是平等的。不能居高临下，要放下官架子，以平等的朋友式、同志式关系相待。若是动则以"这件事已经定了""难道我错了""不信咱走着瞧""是你说了算还是我说了算""你看着办吧"等口气处理问题，势必会产生戒备或反感。

（2）真诚关心。

每个人都渴望能引起别人的注意，得到同事特别是领导的关心、理解、同情和帮助。因此，作为领导，应注意经常观察每个下属的言行、举止、态度、情绪和工作方面的微小变化或波动，并分析产生这些情况的可能原因。在发现下属的某些表现反常后，只要我们能主动创造机会，例如，领导接待日，领导沟通电话等，让他把自己的担心、忧虑和烦恼倾诉出来，问题就解决了一大半。再加上一些分析和引导，并设身处地为他出主意、想办法，就会使其倍感领导的关心和组织的温暖，并放下思想包袱，消除困惑、疑虑，解除后顾之忧，积极投入工作，当然，表达对同志的关心，应当是真诚的、负责的，虚情假意不行，不负责任更是有害。

（3）肯定优点长处。

肯定、赞扬和激励，是有调动人积极性的加油站。领导在日常工作中要经常发掘员工和部下作出的成绩和优点，哪怕是对平淡无奇的小事加以称赞，都能打动人，在表扬的激励下，人们会把事情做得更好。善于发现每个员工的"闪光点"，并及时在适当场合给予由衷的表扬和赞誉，是思想政治工作者应当很好掌握的比批评积极而且更为有效的工作方法之一。

（4）设身处地。

常言道，要想公道，打个颠倒。这就要求思想政治工作者要善于"换位思考"，学会设身处地站到对方的立场上考虑问题，甚至犯错误，往往也都是有自己"正当"的想法和理由的。善于换位思考，指出对方想法合乎情理的一面，并做同情的理解，既体现出对他人观点的尊重，又可避免两种观点的正面冲突和尖锐对立。当然，设身处地和换位思考，并不等于迁就错误，而是为了体察事情的发生、发展，找准问题的原因和对方动机，以利于更有针对性地分析、引导，使对方较为容易地接受自己的观点。如果不试图理解对方，而是一开始就拿出一些大原则和大道理，直截了当地对号入座批评对方，便很难达到比较满意的效果。

（5）留有余地。

人们大都很爱面子，有时尽管明知是自己错了，为了维护自己面子的自尊心，往往也会使有的人强词夺理，甚至无理纠缠。遇到此情况，除了需要掌握恰当的方式、方法外，还要注意留有余地，给人一个下台的阶梯，以保全对方的面子。因此，协调沟通，忌把话说满、说绝、说死，不讲任何情面、不留一点回旋余地。不然，不仅谈话会充满"火药味"，还会招致对领导个人敌意，形成难以化解的思想隔阂。留有余地并不等于放弃原则和无条件退让。遇到一些重大的原则问题，当对方观点分歧较大，情绪都比较激动或僵持不下时，一句"要不等我再了解一下情况后再谈"、"请你回去再考虑一下，等有机会我们再谈"，不仅可以缓解一下紧张气氛，给自己留下更多的准备或研究余地。

　　进行相互间的沟通与交流，是一门比较复杂的艺术。准备情况、场合、时机、在场的其他人员、谈话的语气、气氛、双方的表情、情绪乃至眼神、手势等，都会对沟通效果产生较大的影响，只有在实践中不断探索，总结和积累，才能逐步提高。

　　在企业管理活动中，沟通是一个不可或缺的内容。沟通的能力对企业管理者来说，是比技能更重要的能力，营造良好的人际关系，靠的就是有效的人际沟通。实践表明，许多优秀的管理者，同时也是沟通高手，一个成功的企业不能仅有外部沟通，由于生产力来自于企业内部，所以企业内部沟通直接影响组织效率、生产进度、生产完成率和合格率。只有当企业和员工之间有了真正意义上的相互理解，并使双方利益具有最大限度上的一致，这个企业才能快速发展，并得到超高品质的产品和最大限度的利润。

# 4. 保持一颗谦卑的心

所谓"得人心者得天下"，从古至今，但凡能够稳坐天下的君主帝王，大都是"得人心"者。而在当今社会，成功的企业家之所以能成功正是因为他们是"得人心"者。他们不仅赢得了社会民众的心，更赢得了企业员工的心。只有将企业员工的心凝聚到一起，企业管理者才能带领员工，推动企业向前发展。

稻盛和夫深深认同这个理念，他也一直致力于将企业员工的心凝聚到一起。他认为，想要将员工的心凝聚到一起，最重要的就是要把自己置身于集体之中，拥有一颗谦卑的心灵，保持一种谦虚的态度，要认识到正是因为有了企业员工的努力，才会有自己的今天。

美国《商业周刊》公布的"2003年度25位亚洲新星"中，网易代理CEO孙德棣入选，引起了人们对他的注意。孙德棣2001年9月担任代理CEO时，网易正面临着会计丑闻、诉讼的压力、要求其退市的威胁，让人怀疑这个公司还能不能存活下去。然而，在入主网易一年半的时间，孙德棣至少解决了网易被起诉的问题，公司股票又在纳斯达克交易了，而且网易还走向盈利，在过去3个月中股票上升了3倍。而对一年半前的网易，《华尔街日报》的评价是："总部设在北京的互联网门户网站网易似乎走到了尽头。"

回顾这段经历，孙德棣更愿意把它归功于网易的管理团队，而非自己单枪匹马所为。网易的浴火重生，与孙德棣及其管理团队的几次纠错决策息息相关。据网易一位部门经理介绍，孙德棣为人比较随和，和员工有亲近感，善于聆听下属意见，不会那么独断。只要对公司有利的意见，孙德棣都会采用。比如2002年网易刚刚发布一些管理流程时，一些部门不太适应，孙德棣就亲自和各个部门做沟通，一起开会，一起分析这些流程。

《商业周刊》对孙德棣的评价是unassuming(谦逊)，孙德棣则告诉《财经时报》："务实是我们公司最重要的精神。"

谦逊的品德会让管理者认真聆听下属的意见和建议，并从中发现对企业有利的内容付诸实施；他不会独断专行，他会考量各方面的意见，从而找到正确的解决之道。相反，一个管理者骄横自大，独断专行，不但会失去优秀的下属，还会把企业带进泥泞的沼泽。

福特汽车公司的创始人亨利·福特在功成名就，之后变得狂妄自满，目空一切，独断专行，不思进取。对于他钟爱的黑色T型车，竟然长达19年不许别人做任何改动。有一次，他的儿子和一些工程师对T型车做了一些改进，于是欣喜地邀请他去参观。他围着新车转了三圈，突然抢起一把斧子就朝新车砍去！在众人目瞪口呆、惊魂未定之际，他扔下斧子，一言不发背着手走了……

就这样，亨利·福特开始众叛亲离，人才不断流失，公司的生产经营也不断滑坡，一度陷入破产的边缘。

作为一名管理者，一般来讲，无论从才识和能力，都应该是出类拔萃的。但这也很容易让他产生高人一等的感觉，甚至瞧不起自己的下属。而且，他还为自己叫好，认为显示了一个管理者的尊严和权威。这显然是错误的。其实，你的下属在某一方面比你优秀，有很多真知灼见，你应该学习借鉴过来，从而提高自己的素养，你表现出来的骄矜的态度，一下就拉开了你与下属的距离，失去下属的拥护。

相反，如果你为人谦逊，你的形象和地位不会因此受到破坏，反而会使你更加高大，更易受到下属的爱戴和信任，你的地位也更加稳固。

稻盛和夫说："那些在权力与权威之下道德沦丧、骄矜自大的管理者一旦身居权位，便开始堕落，傲慢不逊。正因为他们以高傲的姿态去面对众人，他们所带领的团队即使能获得短暂的成功，也不能长久持续，以致到最后，团队里的人都不想再合作下去。由于得不到周围人的通力合作，所以事业不能持续地发展、壮大。"

稻盛和夫曾引用一句日本古代的谚语来表达谦卑的意义："你的存在，就是我存在的原因。"所以他认为，维系团队和谐与合作的唯一方法就是管理者要把自己视为团队的一小部分，并明确任何事情都有两面性，然后设法面面俱到。

真正谦卑的人，能够用真诚的心去尊重他人，这种真诚正是赢得别人信赖与尊重的基础。在人们的共识中，只有在需要付出与贡献的工作岗位上工作的人才是可以赢得爱戴的群体。其实不只是他们，当经营企业、赚取利润的企业管理者，做到了用真诚、谦恭的心去关心别人时，也一样能赢得他人的敬重。

管理者的谦卑和真诚既是连接自己与员工之间关系的纽带，也是建立彼此间信任及抚平彼此间代沟的方法。在稻盛和夫看来，谦卑和真诚能使倾听者和说话者合二为一。

苏格拉底说："我知道自己一无所知"。这是一种谦虚向别人学习的良好品质。在学习两字面前，任何人都是学生，同时任何人都是老师。管理者要忘记自己的身份，放下架子，完全从学习的角度出发，向比自己知识更渊博的人学习。

鲁迅先生曾说过："夹起尾巴做人。"意思就是说，做人应该谦虚而谨慎，特别是要戒气傲心躁，其实做领导也是一样。许多人做领导很是得意，但从实际中做领导这个角度考虑，恐怕怄气的时候更多一些，得意少些。这是因为商场如战场，险恶之境比比皆是，如果不夹起尾巴做人，恐怕很难立足。

一位为人曾说过："虚心使人进步，骄傲使人落后。"巴甫洛甫也告诫人们："决不要陷入骄傲。因为一骄傲，你们就会在应该同意的场合固执起来。因为一骄傲，你们就会拒绝别人的忠告和友谊的帮助。因为一骄傲，你们就会丧失客观方面的准绳。"谦虚，是人性的美德，也是驯服人、驾驭人的要领。

聪明的人将做领导与做人联系起来，以平常心去做，领导

地位才能长久；以虚荣心去做，不但地位保不住，恐怕家也不能兴旺。所以曾国藩就说："居官不过偶然之事，做人居家乃是长久之事。"做领导与持家一样，需苦心经营，保持常人本色。这样，虽一旦失去领导地位，尚不失为兴旺气象，若贪图领导地位之热闹，没有平常之心，则离开领导岗位之后，便觉气象萧索。所以，不论是做领导还是做人，凡事有盛必有衰，不可不预为计。

# 5. 用一致的目标团结下属

稻盛和夫说："企业若是不能让其中的成员密切合作，便会遭遇失败的命运。特别当大家各有不同的意图时，群体的力量就会分散。成功的公司有办法使每个成员都能朝着一定的方向前进，并让每个人都有发展的空间。"

对于一个企业来讲，上下员工团结一致才是企业成功的有力基石。因为一个企业的发展并不可能依靠个人力量，而是需要依靠团队的力量。而团队中的成员只有团结起来才能将力量最大化，如果团队中的成员不团结，并且相互牵制、争夺，反倒不如一个人的力量了。所以，一个企业管理者，要想企业能良好地发展下去，就必须用一致的目标将企业上下员工团结起来。

日本松下电器的创始人松下幸之助曾经讲到，中层经理一旦进入松下，就会被告知松下未来20年的愿景是什么。首先告诉他松下是一个有愿景的企业；其次，给这些人以信心；第三，使他们能够根据整个企业未来的发展，制订自己的生涯规划，使个人生涯规划立足于企业的发展愿景。

在松下公司刚刚创业不久，松下幸之助就为所有的员工描述了公司的愿景，一个250年的愿景，内容是这样的：

把250年分成10个时间段，第一个时间段就是25年，再分成3个时期：

第一期的10年是致力于建设；

第二期的10年是"活动时代"——继续建设，并努力活动；

第三期的5年是"贡献时代"——一边继续活动，一边用这些建设的设施和活动成果为社会做贡献。

第一时间段以后的25年，是下一代继续努力的时代，同样的建设、活动和贡献。从此一代一代相传下去，直到第十个时间段，也就是250年之后，世间将不再是贫穷的土地，而变成一片"繁荣富庶的乐土"。

就正因为这一愿景，激发了所有人的激情和斗志，让所有人都誓死跟随他。


见过天上在飞的大雁吗？一群大雁在飞行的时候通常都是排成"人"字形或者"一"字形的，你有没有想过，这群大雁里面谁是领导呢？有人说是领头的那只。假设某天有个猎人将领头的大雁射了下来，你觉得大雁接下去会采取什么样的行动呢？是继续飞行还是一团乱麻？实际上，大雁们会在失去领头雁的那一瞬间会出现混乱，但是它们就会在非常短的时间内重新产生领头雁并且很快地恢复阵形继续飞行。有人就在思考，为什么大雁可以如此从容地面对这么大的一件事故？其实原因就在于它们有一个共同的目标。它们向往的那个非常舒适，能够给它们带来食物和美好环境的南方，这就是它们飞行的需求。其实，在飞行过程中，不存在什么领导，它们愿意自发自觉的组成队列努力飞行，就是因为在它们心中的那个美好的未来。

同样的，什么才可以让员工们自发自觉的努力工作呢？答案也是目标，他们所向往的美好未来。在这样一个美好未来的指引下，即使闪电击破长空，即使风雨交加，即使面对猎人的追杀，它们也愿意拼搏下去，只因为他们心中那一片极致美丽的愿景。

在目标实现的时间上，既要有近期目标，又要有远期目标。只有远期目标，易使人产生渺茫感；只有近期目标，则使人目光短浅，其激励作用也会减少或不能维持长久。

另外，目标的制订也不是随心所欲的，有效目标的制订必须遵循总体要求和指导原则：

（1）总体要求。其实，任何团队目标方向的制订都不是随意而设的，相反，它的设定有其内在的总体要求。而所谓总体要求就是何为明确的目标，具体来说，主要有如下几个方面：

总体要求一：清晰、明确

要想使设定的目标能产生效果，首要要求就是清晰、明确，而只有清晰、明确的目标才是有效的目标。对于团队而言，一个时期的战略目标必须是明确、清晰的。只有这样，才能让团体成员明确努力的方向，才能对他们产生巨大的激励作用，从而保证团队能始终朝着既定的目标前进。

总体要求二：实事求是

团队目标方向的设定必须做到实事求是，尤其在制订具体目标时必须了解自身的能力。目标设定过高易成为空话或口号，固然不切实际，但目标也不可定得太低。因此，设定团队目标方向应该从实际出发，使目标方向源于实际的同时又高于实际，让团队的目标方向做到适时适度。

总体要求三：达成共识

团队管理不是官理，因此，团队目标的制订不能一相情愿地单凭领导的意志行事，而必须达成一种共识。即团队应该有机会进行讨论并就目标方向达成共识；也就是说，应该把团队的目标方向灌输给团队成员并取得共识，而不是简单地把目标方向强加于团队成员。离开了共识，团队的目标方向就会面临触礁——团队成员的目标方向与团队的目标方向相分裂。只有上下达成一致的目标方向，才是高效团队的第一出发点。

（2）指导原则。指导原则就是制订总目标背后的指导依据，以及如何将其具体化成为行动策略（或主要任务）。指导原则就像行动背后的本质，是哲理，而行动是外在表象。

为使团队的目标方向更有效，使其真正成为高效团队的第一出发点，在其设定时，除了要遵循上述的总体要求外，还必须坚持以下几个指导原则：

原则一：把握大局，抓好重点

把握大局，抓好重点，就是要从全局出发，抓住重点和关键。运用到团队目标方向的设定上，就是团队的目标方向必须体现团体的整体利益，以大局利益为重；与此同时，还要突出重点。否则，眉毛胡子一把抓，顾此失彼，只能导致团队低效。所以，团队目标方向的设定必须坚持把握大局、抓好重点的原则，树立一盘棋精神，在把握大局中突出重点，在把握大局中谋划未来。

原则二：立足当前，着眼长远

立足当前即了解清楚团队目前的情况，这是制订团队目标方向的基础。只有对目前的详细情况有了客观公正的了解，才可能拟定出一个切合实际的、完善的、有效的目标。在设定目标方向之前，每一位团队成员都要确定现在的情况，以及可凭借的条件，清楚地了解自己的长处与短处所在。就像工程师要造一座桥，他必须先了解清楚桥基的地质构造、河岸下面的岩层、水流的速度等，唯有仔细研究过情况后，工程师才能决定要造何种桥以及该如何做。

同时，目标方向是指向未来的，因而它在立足当前的同时，还必须着眼长远，只有着眼长远目标，才能为团队的发展提供动力，引领团队前进，迈向未来。

原则三：可持续发展

团队在每个阶段应能持续发展，各具体目标与团队的远景规划应一致，不能摇摆不定。团队目标不单是一个阶段性的目标，而且是一种可以贯穿自己整个发展生涯的远景展望，所以团队目标必须具有可持续发展性。如果目标太过短浅，这不仅会限制团队成员奋斗的热情，而且不利于自己长远发展。

另外，为了适应信息时代科技进步的发展与变更，团队目标的制订也必须充分考虑团队作为一个系统的可持续发展性。对此，在目标方案的选择上，要有一定的超前性和扩容余地，必须具有可扩展性和灵活性。

原则四：统筹兼顾，稳中求进

古人说，"不谋全局者不足谋一域"，讲的就是要做到统筹兼顾。所谓统筹兼顾，就是总揽全局、科学筹划、协调发展、兼顾各方。要稳中求进，稳，就是要保住现在的位置；进，就是向更高的目标进军。

2005年，三星硬盘在市场上取得了长足的进步，迅速跻身国内硬盘市场前列。面对良好的发展势头，三星并没有沾沾自喜，相反，它保持着清醒的认识，进一步确立了2006年赶超日立、西部数据，取得市场第二的目标。对于三星来说，保持"稳定"持续的策略恐怕比"变化"更适应企业未来的发展，认为稳中求进是根本原则。

如今，在"稳中求进"原则的指导下，三星硬盘已经逐步形成了自身独特的核心竞争力。相信今后三星硬盘必然还会取得更大的飞跃，进而改变既有市场格局，完成既定的市场目标！

可见，统筹兼顾，稳中求进是团队目标方向制定的又一重要指导原则。在设定团队目标方向时，应该总揽全局，兼顾各方的利益，协调推进；同时要做到务实，力求稳中求进。唯有这样，团队才能健康地发展。

原则五：总结中成长

订立目标方向是为了实现目标，但是，并不是所有的目标都能够实现。在团队目标的实施过程中，会由于外部或内部环境的变化等种种原因而导致团队目标的不能实现，这时我们应该坦然接受这种失败，认真总结教训，合理地调整、修正原有目标，从而使团队在总结中成长。

总之，作为团队的管理者，如果疏于制订明确的目标和计划，那将是严重的失职，可以说就是在计划失败。

# 6. 公正地对待每一个人

每一个伟大的管理者都会拥有一种力量，就是做正义之事的勇气。在这种力量的领导下，所有部下都会对这个管理者产生依赖感。稻盛和夫认为，一个企业的管理者就应该拥有这种力量，因为部下对管理者的弱点相当敏感，而且很容易察觉出来，如果管理者不公正或怯懦，就无法让大家信赖。

人与人之间的关系，本来就是十分微妙的，尤其是在有利害冲突的同事之间，如果双方都盛气凌人，就很容易发生大大小小的纷争。

作为管理者，如何调解下属之间的纠纷，实在是个棘手的问题。问题如果处理不当，公事之争变成私人恩怨，恐怕在日后的工作中就会形成难以解开的疙瘩。俗话说"明枪易躲，暗箭难防"，即使有人向你发一支明箭，也足以让你头痛不已。如果对下属间的矛盾处理不当，极有可能使下属对你心存怨恨，这也就等于埋下了一颗定时炸弹。

比如某个下属一向表现平平，你对他也没有什么特别的印象，可就是这位下属，某一天竟向你的顶头上司告你的状，表示对你的不满，尤其是指责你工作分配不均。发生这种情况，很可能是由于你平时对下属间的矛盾纠纷处置不当造成的。

作为管理者，有许多事情需要去处理，有些还是相当棘手的事情，这其中除了公事，还包括一些私事，比如下属闹情绪、同事间关系不和等，都需要你去调解。

在调解这些问题时一定要做到公正，不偏不倚，一碗水端平。随着社会的进步和经济的发展，人们对公正的要求也越来越高，享受公正的待遇成为人们追求并维护的权利。在一个公司和团队里同样如此。这就要求管理者胸怀一颗公正之心，处事公正，这样才会赢得员工的爱戴和信赖，也因而激发员工的团队精神和工作积极性，促进企业持续健康地向前发展。

摩托罗拉公司就十分明白公正对于员工的意义，他们在人事上的最大特点就是能让他的员工放手去干，在员工中创造一种公正的竞争氛围。公司创始人保罗·高尔文对待员工非常严格，但非常公正，正是他的这种作风，塑造了后来摩托罗拉在人事上和对待竞争对手时，有一个独特公正的风格。

早在创业初期，员工们都没有正式的岗位，不过是一些爱好无线电的人聚集在一起。这时，有个叫利尔的工程师加入了摩托罗拉。他在大学学过无线电工程，这使得那些老员工产生了危机感，他们不时为难利尔，故意出各种难题刁难他，更出格的是，当高尔文外出办事时，一个工头故意找了个借口，把利尔开除了。

高尔文回来后得知了此事，把那个工头狠狠地批评了一顿，然后又马上找到利尔，重新高薪聘请他。后来，利尔为公司做出了巨大的贡献，向高尔文充分展示了自己的价值。在公司后来发展的过程中，摩托罗拉公司干活的人很多是一些有个性的人，当他们发生争执时，都吵得非常厉害。但高尔文作为老板，以他恰当的人际关系处理方法，使他们在面对各种艰难工作时，能够团结一致，顺利进行。

管理者在处理事务时，无论是奖惩，还是人事安排，都不能背离一碗水端平的准则。尤其是当自己涉入其中时，处理起来更要公正。不然，只去处理别人，而把自己置身事外，就失去公信力和说服力了。

1946年，日本战败后，松下公司面临极大困境。为了渡过难关，松下幸之助要求全体员工振作精神，不迟到，不请假。

然而不久，松下幸之助本人却迟到了10分钟。松下幸之助迟到是有客观原因的。本来，他上班是由公司的汽车来接的。那天，他早早起来，赶往梅田站等车。可是左等右等，车总是不来。看看时间差不多了，他只好乘上电车；刚上电车，见汽车来了，便又从电车上下来乘汽车。如此折腾，到公司的时候一看表，迟到了10分钟！原来是司机班的主管督促不力，司机又睡过了头，接松下幸之助就晚点了10分钟。

按照规定，迟到要批评、处罚的。松下幸之助认为必须严厉处理此事。

首先以不忠于职守的理由，给司机以减薪的处分。其直接主管、间接主管，也因为监督不力受到处分，为此共处理了8个人。

松下幸之助认为对此事负最后责任的，还是作为最高领导的社长——他自己，于是对自己实行了最重的处罚，退还了全月的薪金。

仅仅迟到了10分钟，就处理了这么多人，连自己也不饶过，此事深刻地教育了松下公司的员工，在日本企业界也引起了很大震动。


制度面前人人平等，无论是普通的员工，还是高级主管，管理者都要一视同仁，一碗水端平。

处事公正是优秀管理者必须具备的品德之一，不要被手中的权力冲昏头脑，而去做有失公正的事情，无论对于企业，还是对于管理者自己，这都百害而无一利。

作为一个管理者，应胸怀一颗公正之心，处事公正，才会赢得员工的爱戴和信赖，也因而激发员工的团队精神和工作积极性，促进企业持续健康地向前发展。

处事公正是优秀管理者必须具备的品德之一。管理者在处理事务时，无论是奖惩，还是人事安排，都不能背离一碗水端平的准则。尤其是当自己涉入其中时，处理起来更要公正。不然，只去处理别人，而把自己置身事外，就失去公信力和说服力了。如果被手中的权力冲昏头脑，而去做有失公正的事情，无论对于企业，还是对于管理者自己，都百害而无一利。

# 7. 一定要怀有感恩之心

感恩是一种美德，更是一种智慧。只有懂得感恩的人，才是具备高尚道德品质的人，才是具有聪明才智的人；懂得感恩的人，才能珍惜自己所拥有的一切，才会有一个积极乐观的生活态度。

稻盛和夫认为怀有感恩之心很重要。"对于努力和诚实所带来的恩惠，我们自然心怀感激之情。我们的人生道德标准就是在这些经历和时间中逐渐巩固定位的。回首过去，这种感激之心就像地下水一样滋养着我们道德的河床。"

他创建的京瓷公司，经历了日本经济快速成长、社会富裕的稳定时期后，开始走上正轨，规模也日渐扩大。虽然是通过自己的努力和诚信而取得的成功，但稻盛和夫还是心怀感激之情。

稻盛和夫在《活法》一书中写道："南无、南无，谢谢！"这简单的话语是他接触到的最早的感恩思想。从那时起，感恩的思想就深深地根植在他的内心。

稻盛和夫出生在鹿儿岛，在他四五岁的时候，他的父亲曾经带着他去参拜了"隐藏的佛龛"。这种佛龛是德川时代的净土真宗，后来被萨摩藩取缔，但人们仍旧暗中虔诚信仰。当稻盛和夫跟随父亲和参拜的一行人登上山后，来到了一户人家家里。光线昏暗的室内点着几支小蜡烛，一个穿着袈裟的和尚正在诵经。稻盛和夫和其他孩子一起盘坐在和尚的身后，开始聆听和尚低声地诵读经文。参拜结束后，和尚告诉稻盛和夫："以后，每天要默念'南无、南无，谢谢'。这是在向佛表示感谢。"就这样，稻盛和夫幼小的心灵里种下了感恩的种子。他回忆说："对我来说，这是一次印象深刻的经历，也是最初的宗教体验，那时教给我感激的重要性似乎奠定了我的精神原型。而且，实际上，即使今天，我每临大事，'南无、南无，谢谢'，这种感激的话语也常常无意识中脱口而出，或在内心深处响起。"

在稻盛和夫看来，拥有一颗感恩的心是每一个企业家成功的必需条件。他说："因为感恩，我们学会慈悲。我们可以提供给员工更好的工作环境，员工们会努力地去工作，当大家都学会感恩的时候，这个世界就变得非常美好，少了纷争，多了关怀。所以，我们在经营企业的过程中，一定要学会多给员工一些关爱，

常怀一颗感恩的心，让我们一同步入美好的生活。"

　　1975年的时候，稻盛和夫受邀去访问冲绳的一家企业。这家企业在接待稻盛和夫的时候准备了非常丰富的文娱活动，特意请来非常有名气的一家歌舞团为稻盛和夫表演了当地最受欢迎的一种舞蹈。就是在观看完舞蹈之后，稻盛和夫的内心发生了很大的变化，因为他从那个表达感恩上苍的舞蹈中体会到了感恩的力量。

　　冲绳在日本历史上一直是一个饱受战火和灾乱的地方——在江户时代，冲绳受到日本萨摩藩的压榨，而在第二次世界大战的时候，它就是日本的本土前哨，日本在二战时期的"罪责"不少让冲绳给承担了。冲绳一直是一个有着优秀文化的地方，江户时代的萨摩藩曾经在经济上剥削、在政治上压迫他们。而稻盛和夫作为拥有萨摩藩血统的人，他在冲绳看到感谢上苍的舞蹈之后，内心涌起了一种原罪感。同时，也让他的内心产生了巨大的震撼——"这个地方真是一个伟大的地方，这里的人们遭受了那么多辛酸的经历却依然对上苍心怀感恩，并且非常好客和热情，他们的做法太令人感动了。我想我也应该向他们学习，学习他们的感恩精神，这能够让我的人生获得质的飞跃。"

　　在这之后，稻盛和夫一直没能够忘记冲绳，更没忘记自己在冲绳捡到的那一颗感恩的心。1986年的时候，伴随着移动通信自由化过程的加快，除了东京和中部圈之外，京瓷集团在东北部、北海道、关西、北陆、四国、九州以及中国等地区分设了赛罗拉电话公司。而就在这个时候，稻盛和夫特别提出，应该在冲绳也设立一个单独的电话公司。

当时，稻盛和夫的这一决定让京瓷集团的员工都很吃惊，他们想不通为什么要在冲绳设立一个单独的电话公司。因为冲绳并不是一个单独的经济圈，它只是九州经济圈的一个部分。在当时的日本行政规划中，冲绳是隶属于九州的，所以只需要将冲绳的业务规划在九州的赛罗拉电话公司的管辖之下就可以了。但是，稻盛和夫却做出了这样一个出人意料的决定。事实上，稻盛和夫之所以做出这样的决定，最为主要的原因就是他的感恩心理——他感激冲绳，让他有了一颗感恩的心。

所以，在"冲绳恳话会"上，稻盛和夫一再地坚持他的这个建议。他向所有的人说："我现在正在全国各地设立移动通信公司，因为我觉得冲绳从历史上就是一个很少得到上天眷顾的城市，但是冲绳人民却依旧对上苍怀有感恩之心，所以我们应该帮助他们。这样做不但是在帮助冲绳，也是在帮助我们，让我们拥有一颗感恩的心。"

稻盛和夫的话让当时在座的每一个人都非常动容，他们决定听从稻盛和夫的建议，在冲绳建立一个移动通信公司。当时，冲绳的本地企业家们在听说了稻盛和夫的这个决议之后也非常高兴。其中一位冲绳商业界的代表这样说："从外地来到冲绳，您是第一个提出这一方案的人，您提出的方案是真正地为冲绳着想。"

当时，几乎所有的冲绳企业都想着出资与京瓷集团进行合作，成立一家移动通信公司。最后，冲绳当地的很多企业联合出资40%，与京瓷集团合资成立了冲绳赛罗拉电话公司。在冲绳电话公司成立之后，除了会长和一名董事是由京瓷集团派人担任之外，包括社长在内的所有领导都是由冲绳本地人担任的。

可以说，稻盛和夫的这种"感恩式经营"是一种非常能够激励员工，激发员工积极性的经营方式。更为重要的是，当企业领导心存一颗感恩的心时，员工也会怀有一颗感恩的心，整个企业就会形成一种互相理解、互相帮助、真诚合作的工作氛围，从而让企业焕发出活力，产生巨大的竞争力。

在冲绳赛罗拉电话公司成立之后，无论是出资者、董事，还是冲绳赛罗拉的员工们，大家都意气风发，几乎每一个人都会说："这是我们的公司，是上天赐给我们的事业，我们需感谢所有帮助我们的人，我们需要努力地去工作，用成功来回馈社会。"就这样，冲绳赛罗拉公司获得了快速发展，在短短的几年之内就成为全国唯一一个超越NTT的电话公司。

1997年的时候，冲绳赛罗拉公司已经成为当地市场占有率第一的公司，公司业绩一路飙升。同年，冲绳赛罗拉公司顺利实现了上市——当时在日本的赛罗拉电信公司有8家之多，但是实现成功上市的只有冲绳赛罗拉公司一家。冲绳赛罗拉公司的上市让当地人非常高兴，很多当地的年轻人都以成为冲绳赛罗拉公司的一名员工而骄傲。

现如今，稻盛和夫依然保留着冲绳赛罗拉公司名誉会长一职——在母体第二电信电话公司，稻盛和夫也从董事会隐退，但是冲绳赛罗拉公司的名誉会长的保留却是一个例外。当时，在稻盛和夫准备请辞冲绳赛罗拉公司会长一职的时候，冲绳当地各界人士恳请稻盛先生，"无论如何希望稻盛先生能够保留会长一职"。出于对于冲绳人民的感恩之心，稻盛和夫决定不辜负大家的期望，仍旧担任冲绳赛罗拉公司的名誉会长一职，不收取任何酬劳。

稻盛和夫认为自己从创立冲绳赛罗拉公司一开始就没有丝毫的个人打算，就是出于一颗感恩的心。从冲绳本土建立企业回馈当地，拉动当地的经济，服务于当地民众，这就是自己最为开心的。可以说，正是为冲绳人民做出贡献的这一纯粹想法让稻盛和夫获得了巨大的威望，员工们在企业中能够感受到自己被尊重，自己的劳动就是一种巨大的贡献，而这种经营方式所带来的巨大推动力与激励作用，使得企业获得巨大的发展成就。所以，对于任何一个想成为像稻盛和夫那样成功的企业家来说，学会感恩是非常重要的。

# 第七章
# 对企业经营者的几点忠告

以关爱和诚实之心待人。这里所说的关爱之心，又可称作"利他"之心。也就是说，不只是考虑自身的利益，也要考虑对方的利益，必要时，即使牺牲自我，也要为对方尽力。我认为即使在商业世界中，具备这种美好的心灵也是最重要的。

——稻盛和夫

# 1. 企业经营者应该精通哲学

在当今的商业社会中，为什么一些企业能够快速发展，一些企业却走向穷途末路？根本原因在于企业的发展是否有正确的经营哲学作为指导。

何为哲学？哲学是系统的世界观，是指导人类客观实践的方法论。何为经营哲学？企业的经营思想就是企业的经营哲学即企业在经营活动中对发生的各种关系的认识和态度的总和，是企业从事生产经营活动的基本指导思想，它是由一系列的观念组成的。

企业为什么需要经营哲学作为指导呢？稻盛和夫就曾以日本在第二次世界大战后的社会情况，说明了社会中如果没有一个正确的哲学观念来作为判断与发展的标准就会出现的不良现象。

第二次世界大战后，努力创造财富的日本社会虽然创造了物质上的富裕，但许多企业却在经济高速增长的大社会背景下无视国民生活和生态环境，只图一己之利，从而使社会出现了巨大的扭曲。他们一味追求自身利益的社会风气愈演愈烈，在没有得到遏制的同时，国民对于"富裕"的渴望被无限制地放大。

人们只顾一味地追求自身的财富，以至于一种逐利享乐的空虚心态在企业经营者和普通国民中逐渐蔓延开来，形成了"泡沫经济"。

稻盛和夫将这些归结为资本主义失控而深陷泥潭的表现，他认为，社会前进的初衷不是也不应该以人类的欲望作为发展的原动力。企业也是一样，企业的发展应该走正确的为人之道，光明正大地追求利润，其最终目的是为社会、人民作出贡献。

人类的实践活动如果没有系统的世界观作为指导是不行的，会导致社会发展不平衡，所以经营哲学在企业中的确立也是非常重要的。假设企业没有一种正确的经营哲学来作为企业发展的指导，企业的目的就会是片面的追求利润的增长，这样最终会导致企业出现采取不正当的手段追逐利益的现象。

如果企业自私地只图利益，最终只会在追求利益的道路上越走越偏，直至走向灭亡。所以，企业的发展需要有正确的经营哲学作为企业生产活动的指导。只有在正确的经营思想的指导下，企业才可能走上光明大道，并长久地发展下去。

海尔，作为亚洲品牌500强唯一进入前十名的中国品牌。它是从一个"废墟"上发展起来的民族企业，一个属于中国人的自主品牌，仅用了短短20年的时间，即从强手如林的竞争环境中脱颖而出，率先实现了中国企业进军世界级品牌的梦想——海尔用自身的发展历程，描述了一个中国品牌在20年间被国际市场认可的神话。

1984年，海尔公司销售收入只有348万元，资不抵债147万元，海尔从几百个人的街道小工厂开始，现在收入达到了数百亿元，是1984年的万余倍。海尔的成功见证了中国品牌的成长历程。

"海尔在不到20多年的时间里，能够比较健康、快速的发展，主要靠的是创新精神。海尔价值观的核心就是创新，世界名牌就是我们的目标。"海尔首席执行官张瑞敏如是说。

回顾海尔的品牌发展历程，从1984年到1991年是其第一阶段。海尔当时的主打产品是冰箱，海尔希望通过冰箱这个载体，不仅做冰箱，而是做海尔这个品牌，在这个环节中，海尔紧紧抓住质量与服务来满足消费者的需求。在这个阶段里，有一个广为人知的故事，就是1985年的"砸冰箱"事件，在张瑞敏的带领下，海尔一共砸了76台质量不合格的冰箱，在许多海尔人看来，那锤子不仅砸在冰箱上，更砸在了海尔人心里。

第二个阶段从1992年到1998年，是海尔多元化战略阶段，主要走的是兼并重组的道路，海尔先后以"吃休克鱼"为理论根据，兼并了18家亏损企业，这其中海尔主要投入的是企业文化。在这个阶段中，海尔走的不是"东方不亮西方亮"的路子，而是要求"东方亮了再亮西方"，将一个行业做深、做透，再去做另一个行业，要体现一个企业规模的竞争力，给用户提供一系列家电完整的解决方案。

而这之后至今的第三阶段，海尔全面进入国际化战略阶段。海尔希望将自己的竞争力、整合资源的能力扩展到全球各地，从企业的国际化转变成为一个国际化的企业。

海尔创立国际品牌之路，总的原则是先有市场，后有工厂，先播种，再扎根方能开花结果。海尔在海外市场大多先以缝隙产品进入，在取得当地大连锁的认可后，就可以得到很多订单，通过订单可以实现制作、销售、设计三位一体，从而从单纯产品输出过渡到品牌输出。

张瑞敏认为，品牌的建设发展离不开企业文化，海尔的基因是创新，要把创新基因植入到每一个人身上。海尔文化最外层是物质文化，再往里是制度文化，最核心的是价值观，海尔的价值观是创新，但如何创新，就要形成一个氛围，使每个人具有这种文化。

兼并青岛红星电器和安徽黄山电视机厂之后，海尔是用海尔的文化和海尔的管理模式把这两个企业盘活，进入了哈佛大学的MBA教学案例当中，这是第一家被写入哈佛大学企业案例的中国企业。

漫画是海尔企业文化表达的一个方式，企业文化有一些理念比较抽象，有的员工用他自己的理解画一幅漫画，在海尔画了很多，有的理念几个人来画，画得最好的、表达最清楚的拿出来大家共享。

发展一批跨国大企业、大集团，打造一批世界级的品牌，是这个时代的需要，是振兴民族经济的需要，也是增强核心竞争力、国际竞争力的迫切要求。海尔的实践证明，创造世界品牌并非遥不可及。正如海尔曾经和仍然面临许多强劲对手一样，只要我们坚持自己的经营哲学、不断创新，就一定会实现创造世界名牌的目标。

稻盛和夫说："我不应该让利益蒙蔽我的眼睛，不可以完全屈服于'利'，做出为求利润而不择手段的事情。我必须端正行为。所有的利润都应该是血汗换来的，再把利润投入在品质改良上以满足客户的需求。"

稻盛和夫认为，经营企业要有原则。原则不是公司的利益或面子，而是对社会或人类是否有益的东西。所以他将是否能给消费者提供优质的产品和服务看作企业经营的根本和企业经营的原则。

一个企业的经营哲学，就是映照出经营者思想的镜子。企业需要指导经营哲学，正确的经营哲学能让企业取得事业上更大的成功，正确的经营哲学更是将企业长期持续发展下去的有力保障。

## 2. 经营企业就是经营人心

当有人问稻盛和夫为何能将企业管理如此之好，稻盛和夫先生则说："我到现在所做的经营，是以心为本的经营。换句话说，我的经营就是围绕着怎样在企业内建立一种牢固的、相互信任的人与人之间的关系这么一个中心点进行的。"即怎样与同事友好相处，怎样建立一个紧密合作的团队。他采用明确的员工认可的奋斗目标来凝聚大家，激发大家共同关注企业的发展。此外，还将员工的利益和企业的目标统一起来；建立一个坚强有力、办事公平的领导集体。

"以心为本"具体现在对待员工的仁爱之心，对待合作伙伴的利他之心，对待社会的回报之心。稻盛和夫先生将此融入企业管理之中。建立起企业与员工、企业与社会的相互关系，形成具有稻盛和夫特色的经营哲学。

身为公司高管，稻盛和夫尽力抑制自私的本能，有意摒弃私利，甚至愿意为了公司和赢得员工的爱，甘愿以生命作为赌注。稻盛和夫先生说："虽然人心脆弱不定，但是人心之间的联结却是所有已知现象中最为强韧的。"因此，他要做到信赖自己的员工，更要予以尊敬，并不时赞赏他们、鼓励他们，给他们一种亲切感，从而他们会更加努力工作，公司内部关系也会变得和谐。

"管理就是要重纪律，也不要忘了奖赏。员工如果从主管严峻的外表下感受到一颗温暖的心，一定会愿意追随。"稻盛和夫先生认为，要在企业内建立人们精神上的相互信任，心心相印，建立命运共同体。要使大家的命运紧密相连于一个核心。他经常让员工以小组为单位，一起阅读、学习，他还常常教导员工要"变成相互信任的同志"，要"能和他人同甘共苦"等。他以其独到的方式感染每一个人，使其愿意为公司付出辛劳，从而也在此产生一种相互信任的感情。

对企业来说，"人"是企业最重要，最核心的"部件"，提升企业中员工的素质是很有必要的。

松下幸之助曾经说过：事业的成功，首先在人和。在管理实践中，松下十分重视"人和"，以此来调适和化解内部矛盾，使企业员工在共同价值观念和共同的企业目标基础上，形成相依相存、和谐融合的氛围，产生出对企业的巨大向心力和认同感。

松下公司的电器产品在世界市场上早就闻名遐迩，被企业界誉为"经营之神"的公司创始人松下幸之助，也因畅销书《松下的秘密》而名扬全球，倍受崇拜。现在，松下电器公司已被列入世界50家最大公司的排名之中。1990年由日本1500多名专家组织评选的该年度日本"综合经营管理最佳"的15个公司，其中松下电器公司名列榜首。

松下电器公司获得成功的一个重要因素是"精神价值观"在起作用。松下幸之助规定公司的活动原则是："认清实业家的责任，鼓励进步，促进全社会的福利，致力于世界文化的繁荣发展。"松下先生给全体员工规定的经营信条是："进步和发展只能通过公司每个人的共同努力和协力合作才能实现。"进而，松下幸之助还提出了"产业报国、光明正大，友善一致，奋斗向上、礼节谦让、顺应同化、感激报恩"等七方面内容构成的"松下精神"。

在日常管理活动中，公司非常重视对广大员工进行"松下精神"的宣传教育。每天上午8时，松下公司遍布各地的87000多名职工都在背诵企业的信条，放声高唱《松下之歌》松下电器公司是日本第一家有精神价值观和公司之歌的企业。在解释"松下精神"时，松下幸之助有一句名言，如果你犯了一个诚实的错误，公司是会宽恕你的，把它作为一笔学费；而你背离了公司的价值规范，就会受到严厉的批评，直至解雇，正是这种精神价值观的作用，使得松下公司这样一十机构繁杂、人员众多的企业产生了强劲的内聚力和向心力。

与此同时，松下电器公司建立的"提案奖金制度"也是很有特色的。公司不仅积极鼓励职工随时向公司提建议，而由职工选举成立了一个推动提供建议的委员会。在公司职员中广为号召，收到了良好的效果。仅1985年1月到10月，公司下属的技术茨厂虽只有1500名职工，提案却多达75000多个，平均每人50多个。1986年，全公司职工一共提出了663475个提案建议，其中被采纳的多达61299个，约占全部提案的10%。公司对每一项提案都予以认真地对待，及时、全面、公正地组织专家进行评审，观其价值大小，可行性与否，给予不同形式的奖励。即使有些提案不被采纳，公司仍然要给以适当的奖赏。仅1986年一个，松下电器公司用于奖励职员提案的奖金就高达30多万美元。正如松下电器公司劳工关系处处长阿苏津所说："即使我们不公开提倡，各类提案仍会源源而来，我们的职工随时随地在家里、在火车上，甚至在厕所里都在思索提案。"

松下幸之肋经过常年观察研究后发现：按时计酬的职员仅能发挥工作效能的20%～30%，而如果受到充分激励则可发挥80%～90%。于是松下先生十分强调"人情味"管理，学会合理的"感情投资"和"感情激励"，即拍肩膀、送红包、请吃饭。

值得一提的是他们的"送红包"。当你完成一项重大技术革新，当你的一条建议为企业带来重大效益的时候，管理者会不惜代价地重赏你。他们习惯于用信封装上钱款，个别而不是当众送给你。对员工来说，这样做可以避免别人，尤其是一些"多事之徒"不必要的斤斤计较，减少因奖金多寡而滋事的可能。

至于逢年过节，或是厂庆，或是职工婚嫁，厂长经理们都会慷慨解囊，请员工赴宴或上门贺喜、慰问。在餐桌上，上级和下属可尽情唠家常，谈时事，提建议，气氛和睦融洽，它的效果远比站在讲台上向员工发号施令好得多。

为了消除内耗，减轻员工的精神压力，松下公司公共关系部还专门开辟了一间"出气室"。里面摆着公司大大小小行政人员与管理人员的橡皮塑像，旁边还放上几根木棒，铁棍。假如哪位职工对自己某位主管不满，心有怨气，你可以随时来到这里，对着他的塑像拳脚相加棒打一顿，以解心中积郁的闷气。过后，有关人员还会找你谈心聊天，沟通思想，给你解惑指南。久而久之，在松下公司就形成下上下一心、和谐相容的"家庭式"氛围。

古人说："欲谋胜败，先谋人和。"好的工作氛围能提升员工的工作效率。相反，坏的工作氛围会扼杀员工的工作热情、积极性和创造力。管理者应充分认识到工作氛围的重要性，尽可能营造出员工乐于接受、利于团队发展的工作氛围。

营造工作氛围最好从企业文化出发，从企业文化建设着手，激发员工的工作激情，营造相互帮助、相互理解、相互激励、相互关心的工作氛围，从而稳定员工工作情绪，形成共同的价值观，进而产生合力，达成组织目标。

创建和谐的工作氛围，并不是呆板地整齐划一，而是利用大多数成员的方式将大家最大限度地统一起来。如果不能学会采用下属的方式，哪怕只有一个下属，也难以建立和谐的关系。只有用成员最常用的方式，团队成员才乐于接受，从而保证团队和谐。

管理者需要注意的是，不能因为强调严格管理而排斥员工个性，不能因为强调集体利益而忽视员工的正当权益。要把尊重个性、维护权益、促进员工全面发展作为领导的新理念、育人的新追求。要营造包容个性、和谐发展的生动局面。这样，员工的创造智慧就会竞相迸发，团队的生机活力就能充分展现。

# 3. 全员参与的"阿米巴经营"

稻盛和夫先生认为必须建立正确的经营哲学，并让全体员工都拥有这种哲学，同时还必须建立能够准确、及时地掌握基层组织经营状况的管理会计制度。因此，他在进行技术开发、产品开发和营销活动的同时，不遗余力地确立经营哲学和管理会计制度。

随着事业的快速发展、规模的不断壮大，稻盛和夫先生渴望找到一批能够和自己一起同甘共苦、共同分担经营重任的经营伙伴。于是，他将公司分成若干个"阿米巴"小集体，从公司内部选拔"阿米巴"领导，并委以经营重任，从而培育出众多具有经营意识的领导，即合作伙伴。

"阿米巴经营"就是以各个阿米巴的领导为核心，让其自行制订各自的计划，并依靠全体成员的智慧和努力来完成目标。通过这种做法，让第一线的每一位员工都能成为主角，主动参与经营，进而实现全员参与经营。

作为领导者，你必须让员工安排自己的计划，不要任何事情都由你过问，让每一个员工都能主动参与经营，重要的是弄清员工获得什么结果与如何去获取结果的区别。更重要的是，同时应给予员工足够的自由空间，让他们自我决定怎样最好地实现你所要求他们达到的结果，使每一个员工都成为主角。当然你不可能完全将员工"做什么"和"怎么做"分离开来。员工在某种程度上也要参与决定达到什么样的目标，尽管最终承担责任的还是领导者。在决定员工的目标时，你也不可能毫不考虑员工怎样去处理这一问题。但作为领导者，你不要过多干涉员工去做自己的工作，放手让他们去做。只有在一个目标明确，又有充分自由空间去实现目标的环境下，员工才有可能最大限度地发挥自己的才智。如果你规定了他们的工作目标，又为他们划定了许多做事的条条框框，那他们当然就失去了行为的主观能动性。所以培养员工主动参与经营的意识，发挥员工的智慧是大有必要的。

在阿尔弗雷德·斯隆任通用汽车副总裁期间。通用总裁杜兰特经营管理不善，使公司汽车销售量大幅度下降，公司危机重重，难以维持，杜兰特因此引咎辞去总裁职务。作为副总裁的斯隆虽然几次指出公司管理体制上存在问题，但杜兰特未予以采纳。杜兰特下台以后，在通用汽车公司拥有最大股份的杜邦家族接管公司，并任杜邦为总裁。由于杜邦对汽车是外行，因此他完全依靠斯隆。斯隆对公司采取了一系列整改措施。

斯隆分析了公司存在的弊端，指出公司的权力过分地集中，领导层的官僚主义是造成各部门失控局面的主要原因。于是他以组织管理和分散经营二者之间的协调为基础，把两者的优点结合起来。根据这一样主导思想，斯隆提出了公司组织机构的改革计划，从而第一次提出了事业部制的概念。

斯隆提出的这一系列方案，赢得了公司董事会的一致支持。于是，斯隆的计划开始付诸实施。

通用汽车公司在以后几十年的经营实践中，证明了斯隆的改组计划是完全成功的。正是凭借这套体制，获得了较快的发展。

根据斯隆的"分散经营、协调管理"这一原则，在经济繁荣发展时，公司和事业部的分散经营要多一些；在经济危机、市场萧条时期，公司的集中管理就要多一些。一些企业界人士认为，这是通用公司不断发展壮大的主要原因之一。

斯隆在通用汽车建立了一个多部门的结构，这是他的又一个创造。他把最强的汽车制造单位分成几个部门，几个部门间可互相竞争，又使产品档次多样化，这在当时是比较先进的一种方法。

通用汽车基本上有五种不同的档次，这些不同档次的汽车有不同的生产部门，每个生产部门又有各自的主管人员，每个部门既有合作又有竞争。有些产品的零件几个部门是可以共同生产的，但各部门的档次、牌号不同，在式样和价格上各部门之间却要相互竞争。各部门的管理者论功行赏，失败者则自动下台。正是斯隆卓越的领导才能，使通用汽车公司充满了生机和活力。斯隆成功的手段就是分权制。一位大包大揽的主管是不可能把所有事情都处理得十全十美的。在瞬息万变的商场上，管理者的判断往往会决定一个企业的成败。建立分权机制，在于有利企业灵活机动地处理问题，变一人独断为大家共同决定，这就大大地减少了判断错误带来的风险。

在现实生活中，领导者并非总是处在作出决定的最恰当的地位。当他们做出决定时，必须充分依靠员工提供的信息和建议。所以，更为切实的做法是，尊重员工，让员工做出某些决定，让员工承受一些责任。

当然，作为领导者，尊重员工时，也应划清界限，因为有些决定是无法作出的。比如，只应允许他们作出一些在他们责任范围内的决定，而不能作出那些影响其他部门的决定。他们可以在公司的经费计划内决定如何最大限度地安排自己的工作，如何进行培训等，但他们无权决定公司的某些制度与办公设备应如何处置等问题。

尊重员工，也是对员工的一种挑战。他们必须对自己的决定负责，而提供建议与作出决定两者是有区别的。有时，你也许只需向员工提供有关资料和信息，然后由他们作出最终的决定，如果你将此视为向员工提供帮助，这是十分正确的。当员工碰到困难时，向他们提出建议和解决办法是可行的，是否会被他们接受又完全取决于他们自己。如果你的建议带有强制性，这一决定似乎就是你作出的了，只不过你巧妙地转移了自己的责任。因此不要鼓励员工遇到事就找你。否则，你将背上过重的提出建议、作出决定的包袱，而成为过时的"万能"领导者。当员工带着问题走到你身边时，不能一开口就作出决定，因为有时只有员工才能做出决定，尤其是那些在他们工作范围之内的决定。

如果你要检验员工是否表里如一，最好是离开一段时间，让他们自行其事。很多人也许都有这种体验，当你离开之后，他会轻松地嘘一口气，并开始真正感到自由，庆幸自己终于可以干自己感兴趣的工作了。

很多人与上司相处时，总会感到紧张不安。他们总想让上司高兴却不知怎样去做。同样，当上司离开时，他们反倒能全身心地投入到工作之中，并能从中自娱自乐。没有领导者在场，他们却能更好地作出决定。

作为领导者，你可以离开员工一段时间，尽量给他们留一些自我发展的空间。这样当你回来时，你会吃惊地发现员工在你不在的时候取得了多么令人满意的成绩。离开员工是检验领导者是否成功的最好方式。如果你已经能够培养员工按照你所构想的方式去做，如果你让他们真正承担起自己的责任，如果你能让他们自行其事，那么，当你离开的时候，所有的一切可以照样圆满地成功完成。

作为领导者，你只需为员工指引方向，而且这一方向不应在三个星期或三个月内就做出改变。即使出现一些问题，你的员工也应该像你一样妥善地处理。当然，如果是一个十分重大的问题，那他们不可能自行其事，必须报告于你。

当你离开时，员工们也许有些不太习惯，或许有些想念你。当你回到他们身边，他们会集中精神向你展示自己所实现的东西。因此你的回归，又变成了他们表现自己及证明你的权威的机会。

让员工主动参与经营，其前提是你必须充分相信和认可他们。你给予他们的自由空间越大，他们做的事情就越成功。当你真诚地信任员工时，如果他们对你安排的某一工作确实无法胜任，他们会主动说出并要求另换一个更合适的人选，这实际上是对你的一种负责，这比勉强答应，但最后将事情弄得一团糟的员工更加诚实而有责任感。

# 4. "简单"是经营的基本原则

稻盛和夫先生说："人往往把事物想得太复杂，但事物的本质往往很单纯。乍看之下以为很复杂的，其实构成要素可能很简单。比方说，人类的基因是由30亿个碱基对排列而成，数目之庞大令人无法想象，然而其组成元素却只有四个代表文字而已。"稻盛和夫先生总结说，真理的布是由一根线绳编织出来的，把各种食物的现象单纯化，会越来越接近其原始的面貌，也就是接近真理。这可以当作是人生法则，亦符合经商之道。

稻盛和夫先生认为：所谓科学技术、研究开发，就是做实验，观察实验中发生的现象，从中抓住真理。但是，在做实验时，会有各种各样复杂的现象产生。如果复杂现象再复杂理解，那就是一段乱麻，什么也弄不清。必须把复杂现象简单化，也就是说，尽管看起来很复杂，但是必须看到产生复杂现象的根源，即复杂现象背后单纯的本质。

真正头脑聪明的人，恰恰是那些能把复杂的事物作简单说明的人。对复杂事情作复杂说明的人，他自己就不理解事情的本质。

在这一点上，杰克·韦尔奇的"打破管理界限"就给"简化管理"做出了榜样。当他接任GE公司总裁时，GE已经染上了许多大公司都具有的"恐龙症"——组织臃肿、部门林立、等级森严、反应迟缓、行动不力。GE当时的组织是按部门划分的，但每个部门的领导并没有什么实权，他们所负责的工作不过是像漏斗一样传递信息。GE的这种横向交流的等级界限严重降低了公司的决策效率。

鉴于GE的这种组织结构，韦尔奇开始了他的变革：打破管理的界限，构建无界限的组织，解决公司规模和效率的矛盾，使之既具有大型企业的庞大力量与资源，同时又具有小型公司的效率、灵活性和自信，保持初创企业的灵敏。

韦尔奇专门为GE设计了一种"无界限"的组织模式，

他要借此达成如下几个目的：第一，信息传递更畅通。消除官僚式的推诿和空谈，使经理与员工互相认识、互相了解，人们既可以畅所欲言，也可以静心聆听。他认为，员工间不分彼此应成为GE唯一的管理规则。第二，行动上更加迅速。速度"是竞争力不可分割的组成部分"，在市场竞争中如果缺乏速度就要付出代价。第三，减少管理结构中的层次，减少信息损耗。第四，杜绝时间浪费，摒弃繁琐的公文以及过程，不把时间浪费在无止境的审阅、批示、党派关系和文字游戏上，所有人员可以自由地将他们的精力和注意力投向市场，而不是用于互相扯皮上。

除此以外，韦尔奇还大量裁减员工，所有不称职的员工不论职位高低一律走人。这就让其他留下来的员工诚惶诚恐，拼命工作。在大量裁减冗员的同时他还大力压缩管理层次，强制性要求在全公司任何地方从一线员工到总裁之间不得超过5个层次，使原来高耸的宝塔形结构一下子变成了低平而坚实的扁平化结构。

韦尔奇理想的组织是一种"无界限组织"，就是要创造一个员工们能够自由发挥的环境，发掘每个员工的最大潜能，所有的员工都可以参与决策，并充分地获得决策所需的重要信息。员工不再被告诉该做什么，也不再只做上司分配的工作，而是被赋予了充分自主的权力并且承担责任，去做应该做的事情。

韦尔奇还鼓励、发动全体员工动脑筋、想办法、提建议，改进工作，提高效率，推行"群策群力"的活动。其中最常见的模式被称为"施政会议"——公司执行部门从不同层次、不同岗位上抽出几十人或上百人，到宾馆参加为期3天的会议。前两天与会员工被分为五六个小组，讨论工作中存在的问题并制订解决方案，第三天各小组向大会报告其讨论结果与建议，部门负责人要当众回答问题。这样一来，从公司的各个企业、各个层次挑选出来的员工代表济济一堂，可以畅所欲言地发泄他们的不满，提出各种建议和意见，清除一个又一个不具有生产能力的工作程序。这一模式很好地实现了员工参与管理，大大提高了员工的工作热情，同时也带来了明显的经济效益。现在，"群策群力"讨论会已成为GE公司的一种日常性活动，参与人员也从员工扩大到顾客、用户和供应商。

韦尔奇的这种"无界限组织"改革使CE成为了一个开放的、自由的、不拘泥于陈规的公司。也使员工能够迅速且容易地调换工作岗位，能够尽可能快地、有效率地与外部接触，并鼓励他们参与、合作，打破了过去公司中那种封闭、老死不相往来的状况。

打破管理的界限，就是要拆毁企业中所有阻碍沟通的"高墙"。韦尔奇对此做了一个形象的比喻："一栋建筑物有墙壁和地板。墙壁分开了职务，地板则区分了层级，而我要将所有的人全都聚在一个打通的大房间里。"正是通过这种"打破管理界限"的领导，使GE焕发了青春，焕发了生机，变得更加灵活，也更具有竞争力。

企业没必要设置诸多界限将员工、任务、技术等等分割开来，恰恰相反，管理者应该将精力集中于如何清除这些界限，以尽快地将信息、人才、奖励及行动落实到最需要的地方。"无界限"实质上就是以柔性组织结构模式替代刚性模式，以可持续变化的结构代替相对固定的组织结构，使企业具有可渗透性和灵活性的边界，以在市场经济中体现更多的竞争力。而能否建立"无界限"的组织则是对管理者统筹能力的一个严峻考验。

人们常常把简单思维理解为幼稚的、简陋的、不动脑子的思维方式。实际上，简单思维并不是低级的思维方式，它能帮助人们在观察问题和解决问题时，化繁为简。这种思维方式有着特殊的思维功效，能够帮助人们提高思维效率。

工作中的许多问题都是如此，看似很复杂，实际上可以用很简单的方法将其解决，关键就是要跳出复杂的思维陷阱。如果不能摆脱种种思维的束缚，是很难找到简单的方法的。作为企业家，更应该学会简单思维。管理大师德鲁克说："管理的目的是为了少管理。"一个卓有成效的管理者最重要的能力就是让管理过程化繁为简，在繁杂中去芜存精，找到解决事情的最佳方案。

优秀的企业都懂得摒弃复杂烦琐的东西，依靠最简单、平常的东西来解决问题。一个简单的问题，不能人为地把它复杂化；一个复杂的问题，更要将之简单化。简单化的信息传递得更快，简单化的组织运转更灵活，简单化的设计更易被市场接受。简单意味着有无限可能，经典的往往是简单的。任何大企业，其理念和管理手段无论多么先进，都会由上至下逐渐减弱。因此，越是复杂的原则、理念越难以落实到基层，采取简单的、通俗的原则，可以将之贯彻到最基层，从而很好地解决了流程和执行问题。国内的很多企业，规章制度动辄几十页、几百页，其实这么复杂完善的制度，有几个人愿意去了解呢？又怎么可能被落实呢？所以，管理源于简单，这是GE公司这样一个"巨无霸"企业的管理经验对管理者很大的启示。

作为管理者，只有不断地运用简单思维，才能使领导艺术达到"运用之妙，存乎一心"的境界。大道至简，用最简单的方法有时可以解决最复杂的问题，关键在于，我们是否具备这样的思维素质。企业家只要不断地领悟简单思维方法，学会把复杂的问题简单化，那么，再大的企业，也可以管理得轻松自如、游刃有余；再难的问题，也能解决得了无痕迹。这样才能探索出一条简单之路。

# 5.　"未雨绸缪"是企业生存之道

自古就有"未雨绸缪"的古训，无论做什么事情，都要提前做好准备，机会才有可能垂青我们。在一些突发情况下，这样的准备就好比渡江的船、雨天的伞，能够帮助我们渡过难关。企业的经营也是一样，当经济出现危机时，如果平时做好了万全的准备，就能从容应对。我们常说的"有备无患"，就是这个道理。

稻盛和夫总是告诫企业经营者们，"未雨绸缪"不失为一条有助企业成功的经营之道。在市场经济大环境下，无论是顺境还是逆境，都是企业求生存所必须面对的事实。因此，未雨绸缪就是企业应对经济环境好坏循环的基本管理法则。也就是说，无论是做人还是经营企业都要有"危机意识"。

稻盛和夫在经营企业的过程中，时时不忘用未雨绸缪的思想来告诫自己，并将这种思想灌输给员工。他说："我们在场中央内，总是比较轻松，想着反正还有时间和空间，直到被逼到角落时，才会惶恐。我们要随时假设已经没有时间和空间供我们挥霍了，在真的被逼到尽头之前，就要使出全力。"

很多企业在经济萧条中倒闭，就是因为不能适应突如其来的外在变化，因准备不足而没有应对之策。所以，经营企业切忌临时抱佛脚，要随时考虑可能出现的困境。生存在残酷的商业社会中，如果经营者退到了"角落"，就失去了重回"场中央"的主动权。稻盛和夫告诉我们，要随时将剩余的空间储存起来，以备不时之需——这才是企业的稳定发展之道。

在世界汽车行业中，每80辆轿车中就有1辆是"本田"牌。然而使本田公司首先取得引人注目的成功从而扬名天下的，还是本田摩托车。在汽车工业界，本田技术研究工业公司在日本国内排名第三，但在摩托车工业界，本田技术研究工业公司不仅在国内是龙头老大，在世界上也是首屈一指。1991年，本田技术研究工业公司的摩托车产量为130多万辆，印有"HONDA"标志的摩托车飞驰在世界各地。

早在20世纪70年代初，正当本田牌摩托车在美国市场上畅销走红时，总经理本田宗一郎却突然提出了"东南亚经营战略"，倡议开发东南亚市场。

当时，摩托车激烈角逐的战场是欧美市场，东南亚则因经济刚刚起步，摩托车还是人们敬而远之的高档消费品。公司总部的大部分人对本田宗一郎的倡议迷惑不解。

这个战略是本田经过了深思熟虑的。他拿出一份详尽的调查报告向人们解释："美国经济即将进入新一轮衰退，只盯住美国市场，一有风吹草动我们便会损失惨重。而东南亚经济已经开始起飞，按一般计划，人均年产值2000美元，摩托车市场就能形成。只有未雨绸缪，才能处乱不惊。"

大约过了一年半的时间，美国经济果然急转直下，许多企业的大量产品滞销，几十万辆本田摩托车也压在库里。然而天赐良机，与此同时，东南亚市场上摩托车却开始走俏。本田立即根据当地的条件对库存产品进行改装后销往东南亚。

由于本田公司已经提前一年实行旨在创品牌、提高知名度的经营战略，所以产品投入市场后如鱼得水，这一年，和许多亏损企业相比，本田公司非但未损失分毫，而且创出了销售量的最高纪录。总结了这一经验，从此，本田公司形成了居安思危、有备无患的经营策略。每当一种产品或一个市场达到高潮，他们就开始着手研究开发新一代产品和开拓新市场，从而使本田公司在危机来临时总有新的出路。

古人云："无事如有事，时提防，可以弥意外之变；有事如无事，时镇定，可以消局中之危。"所以，无论何时何地，都要未雨绸缪，切忌临渴掘井。

人们常说："预防重于治疗"，意思是指能防患于未然，胜于治乱于已成。由此观之，企业问题的预防者，其实是优于企业问题的解决者的。

有只老鼠跳到一个很高的米罐里面，天天吃大米，白花花的大米随它吃，吃呀吃，越吃越胖，越吃米罐越深，等到米罐见底的时候，那只老鼠再也跳不出来了！老鼠不怕老鼠夹，它看见后可以绕道走；它也不吃老鼠药，知道那是致命的；但是它不知道潜在的风险是最大风险，有很多企业的管理者就像这只米缸里的老鼠，他们对很多潜在的风险因素视而不见，只知道事后控制，等到公司要破产了，公司无法生存下去了，才想到危机管理，其实这是企业最大的风险。就像当年的泰坦尼克号，面对风平浪静的海面感觉什么也不会发生一样，哪有什么危机？哪有什么风险？但当危机突然爆发的时候，再想避免危机，为时已晚！美国危机管理学院（ICM）有这样一句话：冒烟的危机——企业管理者在危机爆发之前就应该知道了。

许多人把被媒体曝光、被消费者投诉这样闹得沸沸扬扬的事件才叫危机事件，其实危机是一个非常广泛的概念，在政策形势、组织、战略、资本、管理、人力资源、财务、产品、营销、文化、学习、品牌、公众、客户、媒体、政府、自然和社会因素、国际化经营等方面出现的大大小小的问题都可以称作危机事件。而企业内这些大大小小的问题多不多？很多，所以现在的企业管理者一般都很忙，整天充当着"扑火者"的角色。美国一部电影中的一个镜头，一名西部牛仔横枪跃马驰骋在大草原上，突然前面冲出一只老虎，西部牛仔慌忙拔出枪来，打死老虎；不料旁边又出现一只土狼，西部牛仔又慌忙拔出枪来打死土狼；刚一回头，一只豹子又扑了过来，西部牛仔手忙脚乱地打死了豹子。今天我们许多管理者就像这名西部牛仔一样，每天"驰骋"在茫茫的商场上，解决一个又一个的问题，手忙脚乱，疲惫不堪。

古语之中有"千里之堤，毁于蚁穴""凡事预则立，不预则废""防患于未然""防微杜渐""未雨绸缪"的典故和成语，这些都揭示了预防与放任之间的巨大差别与后果，预防是一种必不可少的策略。

每一个企业的管理者都应学会企业的自我诊断和危机防范。"紧急体检、加强锻炼"已成为各个企业的当务之急。那预防危机的措施有哪些呢？

第一，要具备未雨绸缪的意识，睁大第三只眼睛，时时刻刻关注自己的薄弱环节。

第二，通过对财务数据的分析，发现企业的危机征兆。财务数据分析包括现金流量分析、资产与负债比率分析、速动比率分析、投资回报比率分析、成本升降趋势分析等。

第三，可以借助"外脑"进行危机诊断。企业对危机的预先防范和诊断可能会因为管理层的自身角度和立场，作出不切实际的分析和判断；而一些中小企业管理层诊断能力更显单薄，难以发现较深层面的"疑难杂症"。因此，可适时求助"外脑"诊断。目前我国咨询市场门类齐全，各类财务咨询、企业管理咨询、营销策划咨询、人力资源咨询、科技咨询、工程咨询均有涉及，借助"外脑"诊断可成为企业规避危机、解决危机的有效途径。

第四，实施专业的危机培训，增强危机预防常识，提高危机预防技能。

第五，加强危机模拟试验，人在熟悉的环境中往往比一脚踏入陌生的世界更能游刃有余，排练的次数多了，对危机的敏感度也会提高，往往更能发现危机的苗头，危机发生后也能更有效地化解掉。

# 6. "德"为安身立命的根本

《左传》云："太上立德，其次立功，其次立言。"自古先人就告诫世人，为人处世，先要树立起自己的道德品质，方可建立起后世之功。人无德不立，这是"德"在做人一世中处于根本性位置的注解。同样古语又云："得道者多助，失道者寡助。"因为失去"道"就失去了人心，这里的"道"就是"德"。开创一番事业，没有"德"企业就不可能兴盛，同样在治理国家时，无"德"国家也不能强大。

无论是做人做事，还是经营企业，甚至一个国家的治理，都应该本着一个"德"字。国际日本文化研究中心的川胜平太教授曾设想出"富国有德"的国家发展模式，稻盛和夫有感于川胜平太教授"立国不凭富而因德"的这个思想，他认为，这个思想可让日本在诸国中立足并强大，不是通过武力或经济实力，而是以"德"的行为获得他国的信任和尊重。所以稻盛和夫也提出，应该把"德"作为日本国策的基础。他主张日本的目标既不应是经济大国也不应是军事大国，而应是以"德"重建国家；既不应是擅长打小算盘的国家，也不应是忙于炫耀军事力量的国家，而应是以人类崇高精神之"德"作为国家理念，并与世界接轨的国家。

这是稻盛和夫的"治国安邦，德为根本"的想法。德，即道德，是安身立命的根本。从事教育，自古就讲求师德；作为医治苍生的医生，也必须遵循医德。其实，从事任何行业都应讲求"行业道德"，归到本质而言，做人与做事皆应以"德"为本。所以，作为一个企业家，回归到经营中就应该依循"商德"。稻盛和夫也将"德"看作是经营之本。他引用古语"德胜才者，君子也。才胜德者，小人也"来表达自己对德的认知。

这是稻盛和夫强调"德"在经营中极为重要的思想的体现。在经营中，稻盛和夫一直坚持遵循事物的本质，用正确的原则和方法作为自己判断的基准，这种始终贯彻"德治"的行为，体现的正是稻盛和夫开展事业的目的与方向。

联想集团在柳传志的带领下，由一个只有20万元的小企业发展为今天在国际上都有一定影响力的大企业、中国电子工业的龙头企业，这其中与柳传志的人格魅力和管理艺术是分不开的。

联想内部有一条纪律，开20人以上的会，迟到要罚站一分钟。这项纪律是很严肃的，不然会没法开。然而，这条纪律制订后，第一个被罚的人却是柳传志原来的老领导，罚站的时候这位领导很没面子，紧张得不得了，一身是汗，柳传志本人更是汗流浃背。

当时，柳传志跟他的老领导说："纪律如山，你先在这儿站一分钟，今天晚上我到您家里给您站一分钟。"柳传志本人也被罚过三次，其中有一次是被困在了电梯里，他"咚咚"直敲门，叫别人去给他请假，最后因为没找到人还是被罚了站。

就做人而言，柳传志有一段很有名的话："第一，做人要正。虽然是老生常谈，但确确实实极为重要。一个组织里面，人怎么用呢？我们是这么看的，人和人相当于一个个阿拉伯数字。比如说10000，前面的1是有效数字，带一个0就是10，带两个0就是100……其实1极其关键。许多企业请了很多有水平的大学生、研究生，甚至国外的人才，依然做得不好，是因为前面的有效控制不行，他也是个0，作为'1'的你一定要正。"

柳传志是这么说，也是这么做的，比如在联想的"天条"里，就有一条是"不能有亲有疏"，即领导的子女不能进公司。柳传志的儿子是北京邮电大学计算机专业毕业的，但是柳传志不让他到公司来，因为他怕企业管理者的子女们进了公司，互相再一结婚，互相联起手来，将来想管也管不了，一个企业被裙带关系所笼罩了，注定要出问题。

正是柳传志的这种"德"治，联想的其他管理者都以他为榜样，自觉地遵守着各种有益于公司发展的准则，使得联

想的事业得以蒸蒸日上。

管理的实践经验证明，自律比他律好。一位资深管理学家认为，"自我负责、自我激励、自尊、自信和自律"是成功管理的基础，"员工不要官僚主义和监督"，"只有员工的自我激励才能持久，才利于生产"。强调以道德为基础的自律管理是人本管理的必然要求，也是现代管理的必然发展趋势。现代管理越来越重视人本管理，重视道德自律性的管理，儒家"以德治国"的理论越来越受管理学界的重视。当代的中国管理者，不妨多从儒家"为证以德"的管理思想中吸取养分，不断完善自己的管理实践。

在稻盛和夫看来，具有高尚品德的经营者，能够得到企业员工、顾客及竞争对手的尊敬，所以"以德为本"的理念是一个放之四海而皆准的准则，是企业持续繁荣的有效方针。稻盛和夫曾说过："以德为本的经营，还有一个要点，就是要求领导者在企业内树立明确的判断基准。"他认为，这个判断基准可以概括为"作为人，何谓正确"这么一句话。

"正确"经营就是"以德为本"，在取得长远发展的大企业中，这也被用来作为经营的核心理念。说起自己尤为敬重的经营者，稻盛和夫一直很推崇松下公司的创始人松下幸之助，以及创立"本田科研工业"的本田宗一郎，稻盛和夫认为这两位企业家就是用他们高尚的品格来经营企业的，并在这种"德"行中获得了成功。

稻盛和夫认为，以德为本可以创建"和谐企业"，而依靠权力来压制别人或者依靠金钱来刺激员工，这类方法显然无法建设"和谐企业"。这样的经营，即使能够获得一时的成功，但终将招致员工的抵制，露出破绽。企业经营必须把永续繁荣作为目标，只有"以德为本"的经营才能实现这一目标；另外，这种"以德为本"的理念，不仅在组织内部适用．在与客户商谈交涉的时候也很有必要。比起玩弄手段、抓住对方弱点讨价还价、以势压人等办法，以"德"也就是以"仁、义、礼"为基础，用合理的、人性化的方法进行协商交涉，成效将更为显著：

稻盛和夫用孙中山先生访问日本时说过的"王道"与"霸道"来喻指经营企业的两种方法。孙中山这样对日本人说："西方的物质文明是科学的文明，而今演变为武力文明来压迫亚洲。这种做法，用中国的古话说，就是'霸道'文化。我们东亚有比霸道文化优越的'王道'文化，王道文化的本质是道德、仁义。"

这其中的"霸道"指的是经营中的不当策略，包括自私的"利己经营"，而"王道"即是指经营中的"以德为本"的经营理念。这表明经营在于经营者本身，只有经营者自己成为一个"有德之人"，那么企业的管理才能依德而治。所以，稻盛和夫认为，企业的经营成败决定于领导者本身。经营者本身品格的高低将决定企业发展水平的长远与否，当企业经营者以德为本进行企业的经营时，就是和谐企业建立的开始。

# 7. 削减成本是制胜的法宝

如何才能降低成本呢？大多数企业都会选择降低员工的薪资待遇或者直接裁员以减轻企业的资金压力，降低企业成本。但稻盛和夫告诉经营者们，这样的做法不可取，应该在设法提高每个人的工作效率的同时，对其他各种成本费用进行削减。

稻盛和夫常常自问："现在的做法真的没问题吗？还有没有进一步削减费用的办法呢？"他对各个方面进行研究，以找到改善传统效率低下的加工方法，并对不必要的组织结构进行重组或合并，达到彻底合理化。另外，稻盛和夫还会压缩原材料、辅助材料和委托加工费等所有进货的价格，在削减经费中达到压缩成本的目的。稻盛和夫甚至建议"走廊里的灯关掉，厕所里的灯也关掉"，从多方面入手，与员工共同努力从各个方面来削减经费。

稻盛和夫常说："抛开常识，以求想法的转换吧！"他是在告诉企业经营者们，要重新审视自己一贯的做法和方法。同时他也要求作为企业的领导干部，应该带头把这些合理化计划彻底地付诸到改革中去，并且向全体员工宣传削减经费之所以重要的原因，这样的重申会给员工带来危机感，在理解这些做法的同时，公司上下才能一起克服萧条。

也许我们会认为削减成本的做法是企业在萧条的经济环境中

求得生存的无奈之举，其实不然。稻盛和夫认为，萧条时期是企业降低成本的好机会。因为在经济景气时客户的订单多，大家都在忙于生产，很难实现降低成本的目的。但是在萧条期，没有了退路，为了将企业经营下去而鼓励大家一起努力减少费用，就会更容易实现。

稻盛和夫强调，在萧条中利用降低成本等办法保持赢利的企业，在经过萧条的考验后，销售额将能增加三成、五成，甚至一倍，利润也会大幅攀升，企业就会成为高收益企业。也因此，稻盛和夫认为萧条时期是企业实现再次飞跃的助跑期，企业经营者必须将萧条当作机会紧紧抓住。

神舟电脑是目前国内唯一具备电脑主板和显示卡两项自主研发能力的整机制造商。电脑整机包括光驱、软驱、硬盘、内存、CPU、显示卡、主板等7大核心部件，国内多数电脑厂商的7大部件全部依赖进口，而神舟电脑所采用的奔驰主板和小影霸显示卡，一直是其自主研发制造并在电脑配件市场占有率第一的著名品牌，其自主研发带来的是整体制造，可使其成本比起国内其他厂家低两成左右。显然在这些竞争对手面前，神舟电脑已经显示出其价格上的优势。

其实神舟电脑的低价格优势，来的也并不容易，归纳起来，主要是三大因素共同作用的结果。

第一个因素得益于上游产业链。神舟电脑的母公司新天下集团本身是DIY市场的龙头老大，具备研发和生产主板与显卡的能力，而正是由于在这两个重要部件方面采用的是自己的东西，所以神舟电脑可以在此节约大量成本。

第二个因素是私营企业的性质决定了神舟电脑在每个可能的地方都"很用心地控制成本"。据悉，在库存管理上，神舟从买任何一个零配件到下线，最多只需要2周的时间，一般只有1周。据不完全统计，神舟电脑靠这些方面费用的节省，为它带来5%～10%的成本下降。

第三个因素就是渠道的扁平化。所谓"扁平化"渠道，就是神舟电脑在北京、上海、广州、南京等9个大城市设立了子公司，经由遍布全国的近千家专卖店，一台神舟电脑从生产线下线到消费者手中，中间只经过一个环节。所带来的结果是，产品的价格能够反映出合理的利润，而不是经过一级一级经销商的"分羹"，导致消费者手中的产品价格层层增高。

许多人认为技术是核心竞争力，但有技术的企业不一定能成功。核心竞争力的关键在于企业在行业内的生产力水平是否具有比较竞争优势。所以，核心竞争力可以理解为比较竞争优势。

事实上，最先发动价格战的总是那些具有成本领先优势的企业。在当前我国企业普遍缺乏核心技术，创新能力不够，产品同质化程度较高，价格竞争成为最普遍的手段的情况下，成本领先战略在赢得竞争优势方面效果是明显的。

也许正是相中了这一点，神舟电脑在其快速发展的进程当中，低价格便成为了其最大的卖点。神舟电脑之所以价格低廉，是因为从研发开始，到采购、生产、销售和售后等所有环节的成本控制都做到足够好，才形成了总成本领先的核心竞争力。

降低成本是企业管理者的心头大事。低成本和高效益之间并非是矛盾的，优秀的企业管理者总是能够凭借低成本获得高效益。

参观丰田工厂的人可以看到，它和其他工厂一样，机器一行一行地排列着。但有的在运转，有的都没有启动，很显眼。于是，有的参观者疑惑不解："丰田公司让机器这样停着也赚钱？"

不错，机器停着也能赚钱！这是由于丰田公司创造了这样的工作方法：必须做的工作要在必要的时间去做，以避免生产过量的浪费，避免库存的浪费。

原来，不当的生产方式会造成各种各样的浪费，而浪费又是涉及提高效能增加利润的大事。

丰田公司对浪费做了严格区分，将浪费现象分为以下七种：

1. 生产过量的浪费。

2. 窝工造成的浪费。

3. 搬运上的浪费。

4. 加工本身的浪费。

5. 库存的浪费。

6. 操作上的浪费。

7. 制成次品的浪费。

丰田公司又是怎样避免和杜绝库存浪费的呢？许多企

业的管理人员都认为，库存比以前减少一半左右就无法再减了，但丰田公司就是要将库存率降为零。为了达到这一目的，丰田公司采用了一种"防范体系"。

就以作业的再分配来说，几个人为一组干活，一定会存在有人"等活"之类的窝工现象存在。所以，有人就认为，对作业进行再分配，减少人员以杜绝浪费并不难。

但实际情况并非完全如此，多数浪费是隐藏着的，尤其是丰田人称之为"最凶恶敌人"的生产过量的浪费。丰田人意识到，在推进提高效率缩短工时以及降低库存的活动中，关键在于设法消灭这种过量生产的浪费。

为了消除这种浪费，丰田公司采取了很多措施。以自动化设备为例，为了使各道工序经常保持标准手头存活量，各道工序在联动状态下开动设备。这种体系就叫做"防范体系"。在必要的时刻，一件一件地生产所需要的东西，就可以避免生产过量的浪费。

在丰田生产方式中，不使用"运转率"一词，全部使用"开动率"，而"开动率"和"可动率"又是严格区分的。所谓开动率就是，在一天的规定作业时间内（假设为8小时），有几小时使用机器制造产品的比率。假设有台机器只使用4小时，那么这台机器的开动率就是50%。开动率这个名词是表示为了干活而转动的意思，倘若机器单是处于转动状态即空转，即使整天开动，开动率也是零。

"可动率"是指在想要开动机器和设备时，机器能按时正常转动的比率。最理想的可动率是保持在100%。为此，必须按期进行保养维修，事先排除故障。

由于汽车的产量因每月销售情况不同而有所变动，开动率当然也会随之而发生变化。如果销售情况不佳，开动率就下降；反之，如果订货很多，就要长时间加班或倒班，有时开动率为100％，有时甚至会达120％或130％。丰田完全按照订货来调配机器的"开动率"，将过量生产的浪费情况减少到最低，就出现了即使机器不转动也能赚钱的局面。防范体系使丰田实现了零库存管理，丰田的产品成本降到了最低。

控制成本是企业管理者素质之一，赢利能力也是素质之一。企业管理者一定要时刻紧绷成本这根弦，想方设法"既要花得少，又要赢得多"。